ANTROPO
LOGIA
DOS
ORIXÁS

Ivan Poli

ANTRO
DOS

POLOGIA
Orixás

a civilização iorubá a partir de seus
mitos, seus orikis e sua diáspora

Rio de Janeiro | 2025
2ª edição
2ª reimpressão

COPYRIGHT © 2019
Ivan Poli

EDITORAS
Cristina Fernandes Warth
Mariana Warth

COORDENAÇÃO DE PRODUÇÃO, PROJETO GRÁFICO E CAPA
Daniel Viana

PREPARAÇÃO DE TEXTO E REVISÃO
Eneida D. Gaspar

Este livro segue as novas regras do Acordo Ortográfico da Língua Portuguesa. A grafia iorubá foi adaptada pela troca do subponto pela sublinha.

Todos os direitos reservados à Pallas Editora e Distribuidora Ltda. É vetada a reprodução por qualquer meio mecânico, eletrônico, xerográfico etc., sem a permissão por escrito da editora, de parte ou totalidade do material escrito.

CIP-BRASIL. CATALOGAÇÃO NA PUBLICAÇÃO
SINDICATO NACIONAL DOS EDITORES DE LIVROS, RJ

P823a

    Poli, Ivan, 1972-
       Antropologia dos orixás : a civilização iorubá a partir de seus mitos, seus orikis e sua diáspora / Ivan Poli. - [2. ed.]. - Rio de Janeiro : Pallas, 2019.
       256 p. ; 21 cm.

       Inclui bibliografia
       ISBN 978-85-347-0569-1

       1. Iorubá (Povo africano) - Religião. 2. Iorubá (Povo africano) - Ritos e cerimônias. 3. Mitologia iorubá. I. Título.

19-61092
                CDD: 299.67
                CDU: 259.42

Meri Gleice Rodrigues de Souza - Bibliotecária

Pallas Editora e Distribuidora Ltda.
Rua Frederico de Albuquerque, 56 – Higienópolis
CEP 21050-840 – Rio de Janeiro – RJ
Tel./fax: 21 2270-0186
www.pallaseditora.com.br | pallas@pallaseditora.com.br

Dedico esta obra a todas as sacerdotisas
dos cultos de matrizes africanas nas
Américas na memória de minha amada
mãe Stella de Oxóssi do Opô Afonjá, e a
meu irmão Ogunbiyi Elebuibon que me
ensinaram a valorizar o amor por nossas
tradições, quando passaram pelo *Aiye.*

Sumário

PRIMEIRA PARTE
Sobre os Orikis   8

Introdução   **10**

O que são orikis?   **14**

Oralidade e importância
da palavra entre os iorubás   **26**

Exercícios sobre orikis
(sugestão de atividades)   **48**

SEGUNDA PARTE
Os mitos dos orixás
a partir de seus orikis   54

Exu está de pé na entrada   **56**

O mito de Exu na civilização
iorubá a partir de seus orikis   **62**

O mito de Ogum na civilização
iorubá a partir de seus orikis   **78**

O mito de Oxóssi na civilização
iorubá a partir de seus orikis   **98**

O mito de Logum Edé na civilização
iorubá a partir de seus orikis   **108**

O mito de Oxumarê na civilização
iorubá a partir de seus orikis **116**

O mito de Obaluaê na civilização
iorubá a partir de seus orikis **128**

O mito de Nanã na civilização
iorubá a partir de seus orikis **140**

O mito de Iemanjá na civilização
iorubá a partir de seus rikis **148**

O mito de Xangô na civilização
iorubá a partir de seus orikis **164**

O mito de Iansã na civilização
iorubá a partir de seus orikis **190**

O mito de Oxum na civilização
iorubá a partir de seus orikis **202**

O mito de Obatalá na civilização
iorubá a partir de seus orikis **212**

O mito de Odudua na civilização
iorubá a partir de seus orikis **224**

ENCERRAMENTO **230**

Pós-escrito **232**

Referências **246**

Sobre os Orikis

PRIN

MEIRA

PARTE

Introdução

Ouvimos falar muito, quando resolvemos abordar os iorubás, da chamada nagocracia, significando que outros povos da África, os quais igualmente nos constituíram através de suas diásporas, não são tratados com a mesma relevância. Contudo, o que vemos na verdade, em relação aos nagôs, e em parte por responsabilidade do estereótipo da nagocracia, é algo que nomeio como *nagonomia* ou anomia nagô, ou seja, a visão superficial da cultura nagô sem observar os seus aspectos antropológicos e sociológicos mais profundos, como os valores civilizatórios presentes nos mitos iorubanos são um exemplo.

Este povo tão importante na nossa formação, e que tem sua inegável marca em nossa constituição cultural e identitária, na maioria das obras que a ele se referem, é visto e observado somente no contexto religioso. Salvo raras exceções, como Antonio Risério, Claude Lépine, Sikiru Salami, uma parte da obra de Pierre Verger, Wande Abimbola, outros autores da Universidade de Ilê Ifé (na Nigéria) e outros raros autores, é como se os iorubás não pudessem ser objeto de estudos em um contexto histórico ou antropológico.

Inclusive os mitos dos orixás, normalmente, são vistos somente no contexto de sua mística, como se não tivessem também um papel civilizatório e pedagógico que tenha influenciado as sociedades africanas de onde são originários, e muito menos os povos que se formaram com a contribuição da diáspora iorubá, como nós brasileiros.

No sentido de prestar uma pequena contribuição, a fim de combater esta imagem que reforça o que chamo de nagonomia, produzi este livro a partir de um trabalho de extensão cultural realizado em 2010 com o aval do Núcleo de Cultura e Extensão da Biblioteca Municipal de Osasco e o Centro Cultural Africano da Barra Funda, em São Paulo.

Para a edição de 2019, o texto foi revisto, contando inclusive com a adição de algumas referências atualizadas, que podem ser mais úteis ao leitor do que obras e edições que dificilmente seriam encontradas tanto tempo após seu lançamento, e que acrescentam novos recursos às possibilidades de aproveitamento desta obra.

Ofereço este trabalho aos 100 anos (comemorados em 2010) do Ilê Axé Opô Afonjá, em Salvador, e mais especificamente à Mãe Stella de Oxóssi, sua líder desde 1976 até seu falecimento (em dezembro de 2018), a quem tanto admiro e que tive a oportunidade de visitar na ocasião de seus 70 anos de Santo (completados em 2009). Tive a felicidade de poder presenteá-la, na ocasião, com flores brancas que simbolizam Iemanjá e seu pranto na lenda que fala que seu filho Oxóssi teria sido seu último e mais querido filho a deixá-la em busca da própria liberdade.

Segundo esta lenda, Iemanjá chorou tanto, que seu pranto e ela mesma se transformaram no mar, que se tornou seu domínio. Não podemos esquecer que, através deste mar, vieram nossos ancestrais de diversas diásporas, das quais nós brasileiros somos filhos. Uns vieram em busca da liberdade que Oxóssi buscava ao deixar Iemanjá; outros, tendo sua liberdade roubada neste processo, e tendo que lutar por ela nestas terras de diáspora. A estes não podemos esquecer, os que nos ensinaram o quanto vale a afirmação da própria identidade e o quanto vale o sentido da palavra "memória". Esta memória de onde jamais será apagado o pranto daquela mãe que foi Iemanjá, ao ver seu filho Oxóssi ir ao que para ela era um destino incerto, e que foi o mesmo pranto de tantas mães que perderam seus filhos, nossos ancestrais, nas diásporas (sobretudo a africana). Contudo, ao terem atravessado estes mares das lágrimas de

INTRODUÇÃO

Iemanjá, nossos ancestrais, africanos e outros, chegaram a um novo solo, fizeram uma nova pátria e adotaram o espírito destas novas terras.

Quando fui ao Afonjá e vi, pelas mãos e pelos olhos de Mãe Stella, que nossas tradições ancestrais ainda estão vivas, vi que Oxóssi atravessou o mar de lágrimas de nossa mãe Iemanjá e a reencontrou em algum lugar no Orum (céu), entre África e América, através do axé (lei e força vital) que vem do abraço que nos damos entre nós, que nos dão todos os orixás, de quem nós brasileiros incorporamos os arquétipos para viver nosso dia a dia, independentemente de nossas crenças. A todas estas personagens, que nos ajudaram a nos constituirmos como povo e nação, eu dedico este trabalho.

Ivan da Silva Poli (Osunfemi Elebuibon)

O que são orikis?

Uma introdução sobre um dos gêneros da literatura oral iorubá

Oriki = Evocação

Oriki é, antes de tudo, uma das diversas tradições literárias da oralidade iorubá (objeto central de estudo de um dos cursos de extensão realizados por mim na biblioteca de Osasco e no Centro Cultural Africano de São Paulo, dentro de um dos cursos do ciclo de Cultura Africana). Para entendermos melhor o que ele significa, assim como introduzir suas características, precisamos nos ater aos prováveis significados etimológicos da palavra *oriki* (AWE, 1974).

O vocábulo *oriki* é formado a partir de *ori* (cabeça) e *ki* (saudação), o que nos leva a concluir que ele representa uma saudação à cabeça. Esta conclusão, entretanto, não elucida muito sobre o seu real significado, se não estivermos atentos ao que esta cabeça representa simbolicamente dentro da tradição cultural dos iorubás.

O professor Sikiru Salami (1993, 1999) define *oriki* como sendo uma evocação, a partir do sentido de *oriki* como *ori* (origem) e *ki* (saudação). Portanto, esta explicação nos leva a crer que na cabeça se encontra realmente a origem dos seres, segundo os iorubás.

Podemos assim concluir que o oriki diz respeito à evocação a nossas origens, que, simbolicamente, residem em nossa cabeça.

Ori, a cabeça como uma divindade

Para entendermos melhor o que significa oriki e por que esta saudação à cabeça consiste em uma real evocação, é necessário que entendamos primeiramente o que significa o ori e que espaço este conceito ocupa na mística e no imaginário iorubá.

Dentro do conjunto de odus da poesia sagrada de Ifá (outro gênero da literatura oral iorubá, que agrega em si uma série

ANTROPOLOGIA DOS ORIXÁS

de poemas e lendas míticas), há uma história que explica bem isto. Esta narrativa se encontra entre as lendas do primeiro odu (Ejiogbe) e a transcrevo abaixo:

O trabalho mais importante de Ejiogbe no céu foi a revelação de como a cabeça, que era em si uma divindade, passou a deter um espaço permanente no organismo. As divindades foram criadas originalmente sem cabeça porque a própria cabeça era uma divindade.

O awo (sacerdote) que fez adivinhação para a cabeça (Ori) era chamado Amure e morava no Orum (céu). Orunmilá convidou Amure para fazer adivinhação sobre como fazer para ter uma fisionomia completa, porque nenhuma das divindades tinha cabeça até aquele momento. O awo disse a Orunmilá que esfregasse ambas as palmas das mãos, rogando ao Alto para ter uma cabeça. Ele disse para fazer sacrifícios com quatro obis (nozes de cola), uma panela de barro, esponja e sabão. Disse que guardasse as nozes de cola em um lugar sagrado sem parti-las, pois haveria um visitante inconsequente que posteriormente iria fazê-lo. Ori (a cabeça) convidou também Amure para fazer adivinhação e foi-lhe dito que servisse ao seu anjo guardião quatro nozes de cola que não poderiam ser compradas, e que só começaria a prosperar depois que fizesse o sacrifício.

Depois de realizar seu próprio sacrifício, Orunmilá deixou as quatro nozes de cola em seu lugar consagrado, como Ifá disse que teria que ser feito. Pouco depois, Exu anunciou no Orum (céu) que Orunmilá havia deixado as quatro nozes de cola em seu lugar sagrado e que estava procurando uma divindade para parti-las.

O QUE SÃO ORIKIS?

Lideradas por Ogum, todas as divindades visitaram Orunmilá, uma após outra, mas ele disse a cada uma delas que não era suficientemente forte para parti-las. Elas se sentiram destratadas e retiraram-se aborrecidas. Até mesmo Orixá Nlá (Oxalá, o deus filho) visitou Orunmilá, porém este o agraciou com nozes de cola melhores, dizendo que as nozes de cola em questão não estavam destinadas a serem partidas por ele. Como se sabe, Deus nunca perde a calma, e Oxalá aceitou as nozes frescas oferecidas por Orunmilá e foi embora. Finalmente, Ori (a cabeça) decidiu ir visitar Orunmilá. Foi rolando então para a câmara de Orunmilá e, logo que este viu Ori rolando para sua casa, saiu ao seu encontro para entretê-lo. Imediatamente Orunmilá pegou um pote de argila, água, sabão e esponja, e começou a lavagem de Ori. Após secá-lo, Orunmilá levou Ori até o seu local sagrado e solicitou que partisse as nozes de cola. Depois de agradecer a Orunmilá por seu gesto honroso, Ori rezou para Orunmilá, com as nozes de cola, para que tudo o que Orunmilá fizesse tivesse sucesso e para que tudo se realizasse. Ori tornou a usar as nozes de cola para rezar para si mesmo, para ter um local de residência permanente e muitos seguidores. Em seguida, Ori rolou para trás e bateu contra as nozes de cola, que se partiram em uma explosão intensa que pôde ser ouvida em todos os lugares do Orum (céu). Ao ouvir o som das explosões, todas as outras divindades imediatamente compreenderam que finalmente as nozes de cola haviam sido partidas. Todos ficaram curiosos para saber quem tinha partido as nozes que haviam desafiado a todos, inclusive a Deus. Quando Exu anunciou que Ori tinha

ANTROPOLOGIA DOS ORIXÁS

conseguido, todos concordaram que Ori era a divindade indicada para fazê-lo.

Quase imediatamente após, as mãos, os pés, o corpo, a barriga, o tórax, o pescoço etc., que até então tinham identidades específicas, decidiram viver com a cabeça, lamentando-se por não terem percebido antes que esta era tão importante. Juntos, todos levantaram sobre si a cabeça e ali, no lugar sagrado de Orunmilá, a cabeça foi coroada como o rei do corpo. Esta é a razão, devido ao papel desempenhado por Orunmilá em sua sorte, pela qual a cabeça tem que tocar o solo e mostrar respeito e reverência a Orunmilá até os dias de hoje. Esta também é a razão pela qual, apesar de ser a mais jovem de todas as divindades, Orunmilá é a mais importante entre elas.

Para que o filho de Ejiogbe viva muito tempo na terra, deve procurar awos (sacerdotes) de grande saber e inteligência para preparar um sabão especial com o crânio de um animal. Ejiogbe é a divindade padroeira da cabeça, porque foi ele que no Orum (céu) fez o sacrifício que converteu a cabeça em rei do corpo.

Ejiogbe provou ser o mais importante Olodu ou apóstolo de Orunmilá na terra. Apesar de originalmente ser um dos mais jovens. Ele pertence a uma segunda geração de profetas, que se ofereceram para vir a este mundo a fim de torná-lo um lugar melhor para viver. Ele foi um apóstolo de Orunmilá muito criativo, tanto quando estava no Orum (céu) quanto quando veio para este mundo (Aiê). (TRATADO, 2001)

A lenda acima elucida a questão do ori (cabeça) na mística e no imaginário iorubá e nos dá elementos suficientes para que possamos introduzir satisfatoriamente o conceito de ori.

Conceito de ori

Temos uma ideia deste conceito a partir do que nos fala Babatunde Lawal, da Universidade de Ilê Ifé, na Nigéria, quando se refere à cabeça:

> Na maioria das esculturas africanas tradicionais, a cabeça é a parte mais proeminente porque, na vida real, é a parte mais vital do corpo humano: ela contém o cérebro – a morada da sabedoria e da razão; os olhos – a luz que ilumina os passos do homem pelos labirintos da vida; o nariz – que serve como uma espécie de ventilação para a alma; os ouvidos – com os quais o homem escuta e reage aos sons, e a boca – com a qual ele come e mantém o corpo e a alma unidos. As outras partes do corpo são abreviadas para enfatizar posições subordinadas. Tão importante é a cabeça em muitas sociedades africanas que ela é adorada como sede da personalidade e destino do homem. (LAWAL, 1983, p. 46)

O trecho acima nos dá a dimensão, a partir do conceito estético, da importância que o ori assume simbolicamente no imaginário iorubá. Ori é todo o axé (*àse*) que uma pessoa tem, e sua sede é na cabeça: é ela que, geralmente, vem primeiro ao mundo e abre caminho para trazer o resto do corpo. Outro ponto importante a se citar, para agregar valor a este conceito, se refere a outra lenda relativa ao ori.

Segundo Beniste (1997), os aspectos da experiência humana são predestinados pela escolha que fazemos de nosso ori. Segundo a tradição mítica iorubá, após sermos modelados por Oxalá (Orixá Nlá), Ajalá é convocado com a tarefa de fornecer o ori (cabeça), e cada ancestral nosso cede as substâncias necessárias para aperfeiçoar a forma de nossas cabeças. Estas substâncias nos acompanham todo o tempo e são merecedoras de respeito e culto. Entretanto, mesmo que Ajalá se trate de um orixá, não deixa de ter suas deficiências. É esquecido e descuidado e, devido a isto, nem sempre as cabeças saem boas. Como resultado disso, muitas pessoas escolhem por si mesmas as cabeças sem recorrerem a Ajalá, e acabam assim por escolher cabeças ruins e imprestáveis, como nos narra Beniste. Neste contexto, recorrendo a Salami (1993, 1999), que nos fala que o ori é nossa origem, além de nossa simples cabeça física, temos que nosso destino inteiro é marcado pela escolha desta cabeça, e para tanto existem rituais e práticas como o bori (que quer dizer em iorubá *bo ori*, dar de comer ao ori), para restabelecer o equilíbrio necessário nesta nossa cabeça (que determina, a partir de nossa origem, o nosso destino). Voltando a Beniste (1997), ele nos expõe que, segundo a tradição iorubá, um homem com uma cabeça benfeita terá um destino de sucesso, daí o dito tradicional: "Ajalá, modelador de cabeça no Orum, molde uma boa para mim." Desta forma, cada ori se constitui em uma divindade pessoal que regula nossas vidas, e nós mesmos escolhemos nosso *ori rere* (bom ori) ou *ori buruku* (mau ori). Como nos continuam expondo Beniste (1997) e Salami (1993, 1999), é através do jogo de Ifá que Orunmilá revelará o tipo de ori que está conosco e, consequentemente, este ori irá declarar a nós seus desejos, sempre através do jogo de Ifá.

Neste contexto, torna-se mais clara a importância de se evocar o ori, como nos fala Salami (1993, 1999).

Ori Ode e Ori Inu (cabeças interior e exterior)

Ao nos depararmos com a estrutura do ori, vemos o quanto complexo torna-se este conceito. Conforme também nos explica Beniste a partir da obra de Babatunde Lawal:

> Ori Ode é a denominação da cabeça física e Ori Inu é a cabeça interior. Sendo que a primeira é confiada a Ossaim e a Ogum, ou seja, ao saber médico; a segunda está ligada a Ifá e aos demais orixás, ou seja, ao saber divino. Ori Ode é que se presta para suporte das obrigações iniciáticas. Ori Inu é a essência da personalidade, da alma do homem que deriva diretamente de Olodumare. É Ele quem a coloca no homem, mas que, após a morte, a Ele retorna [...] Ori Inu é o ser interior ou o ser espiritual do homem e é imortal. Ori Ode é a cabeça física propriamente dita ou, filosoficamente, a matéria. Ela é mortal em oposição a Ori Inu, que foi criado por Ajalá, um antigo orixá, segundo as ordens de Olodumare. A diferença entre as duas pode ser observada neste trecho do verso de Ifá do Odu Ogbetegunda:

> [...] A consulta a Ifá realizada para a cabeça interior
> A consulta a Ifá realizada para a cabeça exterior
> A cabeça interior disse que era a mais velha
> A cabeça exterior disse que era a mais velha
> Invoque minha cabeça interior
> De modo que a interior não estrague a exterior
> A interior prevê sucesso para o homem [...]
> A cabeça interior leva o homem a ter uma esposa.

Pelo texto apresentado, é o Ori Inu que controla o Ori Ode. Isto sugere, portanto, que o sucesso do ser exterior depende essencialmente da natureza dinâmica interior do homem. (BENISTE, 1997, p. 38)

Vale fazer o parêntese de que a referência a que "A cabeça interior leva o homem a ter uma esposa" não é desconexa, tola ou despropositada, ainda mais por estarmos tratando de uma sociedade da África Subsaariana, como muitas outras, na qual as relações entre as linhagens determinam diversas coisas e, entre elas, as relações de poder. Isto justifica a importância vital dos casamentos e, consequentemente, de se ter uma esposa que é portadora do ventre que dará sequência à estrutura social das linhagens.

Ori na estética iorubá

Conforme já citei em seção anterior, Lawal (1983) expõe que, na maior parte das esculturas africanas, a cabeça é a parte mais proeminente. Desta forma, sua proporcionalidade nestas esculturas faz jus à sua importância nos planos físico e simbólico, se retomamos os conceitos de cabeça exterior e interior respectivamente.

Contudo, para entender melhor este fato que se reflete especificamente na estética iorubá, recorro ao conceito de *odara*, segundo explicou Salami (1993) em aula realizada no seu curso de iorubá na USP.

Normalmente, conforme conhecemos através da célebre música de Caetano Veloso (1986), podemos traduzir *odara* por *belo*. No entanto, Salami nos explica que, além de *belo*, odara também traz o sentido de *útil*. Desta forma, quando os iorubás se referem a suas obras de arte como odara, estão se referindo a algo que ao mesmo tempo é belo e útil. Isto justifica o fato de que certas partes do corpo sejam representadas com maior proeminência do que outras, por desempenharem funções de maior utilidade física e simbólica do que as demais. Este fato determina, inclusive, que estas representações possam ser desproporcionais em relação ao corpo humano, e também ao padrão estético predominante na arte grega clássica que se autodenominava uma representação perfeita da realidade.

Segundo a percepção estética dos iorubás, uma estátua grega jamais seria odara na acepção completa da palavra e do conceito, pois os exemplares da arte grega clássica não colocam em destaque as partes do corpo de maior importância e utilidade, vitais para os iorubás.

Dois exemplos claros que temos desta percepção estética são as conhecidas representações de Exu e Oxum nos templos iorubás. Começando por Exu, como toda estátua iorubá, ele tem a cabeça proeminente; dentro desta, os olhos, os ouvidos, a boca; pés e mãos grandes e desproporcionais, assim como seu órgão reprodutor ereto. Todos indicam as proporções de importância que estas principais funções representam no simbolismo iorubá. No caso da deusa Oxum, como vemos em suas representações em um de seus templos de Osogbo (Nigéria), nas fotografias de Pierre Verger (2019), além da proeminência da cabeça, das mãos e dos pés, temos a proeminência e desproporção dos seios e do ventre (o que é muito comum em outras culturas africanas subsaarianas), que representam dois lados da maternidade significativos. O ventre e os seios de Oxum representados de tal forma, em destaque, são odara em seu sentido integral, sobretudo por serem úteis à função reprodutora, essencial para a continuidade desta sociedade de linhagens. Além disso, isto também se justifica pelo fato de que, na tradição iorubá, assim como em outras tradições da África Subsaariana, é pelo ventre que se expressam nossos sentimentos, segundo nos afirma um oriki de Oxaguiã quando a língua iorubá é literalmente traduzida:

Oxaguiã não tem maldade na barriga.

(QUE PODE SER TRADUZIDO POR: "OXAGUIÃ NÃO É MAU.")

Em resumo, percebemos, através destas representações de orixás, que a percepção estética iorubá se faz representativa do que nos liga com o mundo sensorial do Aiê (terra, mundo físico) através da forma enfática com que constroem o mundo físico nossos órgãos dos sentidos, como os de audição, paladar, visão, tato, e órgãos de reprodução. Por outro lado, esta proeminência também se dá em nossas partes do corpo que nos ligam simbolicamente com o mundo intangível, como a cabeça no sentido de cabeça interior, que na verdade pertence a Orunmilá e ao Orum (céu) e para o qual tecemos orikis, que são o objeto central neste estudo.

Tipos de oriki

Segundo nos mostram Risério (1996) e Salami (1999), existem diversos tipos de oriki e podemos enumerá-los. São exemplos de orikis:

- Oriki Orilé – para linhagens (têm relação estreita com as marcas faciais dos iorubás).
- Oriki Borokini – para pessoas ilustres.
- Oriki Ilu – para cidades.
- Akijá – anti-oriki.

- Oriki Orixá – para os orixás.
- Oriki Amutorunwa – oriki individual de nascimento e nominação (assume formas diferentes no caso de gêmeos, crianças nascidas depois de gêmeos, crianças nascidas com cordão umbilical enrolado no pescoço, ou que o Oráculo prevê que morrerão antes dos pais).

Além disso, até mesmo animais, plantas e folhas têm seus orikis, pois tudo que tem vida tem ori e pode ter um oriki.

Oralidade e importância da palavra entre os iorubás

Sobre o axé

Para entender melhor a expressão oral e a importância da palavra entre os iorubás, é necessário que compreendamos o conceito de axé (*àse*).

Após explicar a importância ritual do axé entre os iorubás, Salami (1999), em sua tese de doutorado, define esse axé como sendo a força vital que se expressa também em toda palavra. Ele nos lembra que o significado etimológico da palavra *àse* vem de *à se* (assim seja, assim se faça) e, desta forma, como a palavra porta o axé, ela tem o poder de fazer com que o que está sendo afirmado se concretize.

Se recorrermos a Verger, em algumas ocasiões ele traduz a palavra *àse* por *lei*, o que faz com que nos remetamos comparativa e imediatamente aos significados de *rta* (ordem) e *vac* (verbo) da cultura sânscrita, dos quais os ritos védicos dependem. Esses ritos são feitos para a manutenção da ordem cósmica e, neles, a palavra (corretamente pronunciada ritualmente em sânscrito) nos dá acesso aos planos sutis da criação. Ambos os conceitos, apesar de estarem presentes em uma cultura tão distante da iorubá, apresentam alguma proximidade com o conceito do *àse* iorubá, seja no seu universo ritualístico, seja como impregnado na carga simbólica que a palavra carrega para este povo.

Outro elemento que devemos observar na questão da oralidade e no valor da palavra para os iorubá e as sociedades da África Subsaariana pode ser muito bem expresso por Hampâté Bâ quando cita Tierno Bokar Salif e diz:

> A escrita é uma coisa, o saber outra. A escrita é fotografia do saber, mas não é o saber em si. O saber é uma luz que existe no homem. A herança de tudo aquilo que nossos ancestrais vieram a conhecer e que se encontra la-

tente em tudo o que nos transmitem, assim como o baobá já existe em potencial em sua semente. (BÂ, 2010, p. 167)

Além de nos elucidar melhor o conceito de axé como força vital que vem da ancestralidade e está presente tanto na ritualística quanto na palavra entre os iorubás, esta citação também nos faz compreender melhor a força das tradições orais entre os africanos subsaarianos, pois a escrita, sendo apenas uma fotografia do saber, e não sendo o saber em si, não se torna uma condição para a transmissão do saber ancestral. Risério (1996) nos fala da característica fluida e flexível das culturas da maior parte das sociedades que mantêm as tradições orais na África Subsaariana. Ele nos mostra que, em geral, elas se diferenciam da rigidez canônica das sociedades que se desenvolveram a partir da escrita. Este fato nos ajuda a compreender o que afirma Hampâté Bâ (2010) quando defende que as tradições orais predominantes nas culturas da África Subsaariana não representam uma falta de habilidade destas sociedades para a escrita, mas sim uma forma característica de se expressar. Algo para que nossa cultura clássica ocidental geralmente não atentou e criou muitos preconceitos, esquecendo até mesmo o caráter oral dos poemas épicos clássicos.

Neste sentido também podemos, de novo, citar comparativamente a Índia e as tradições sânscritas, nas quais os próprios textos védicos por muito tempo foram proibidos de ser transcritos, por portarem em si um conteúdo demasiadamente sagrado para deixarem de ser transmitidos pela tradição oral através das gerações de sacerdotes.

Da mesma forma, o distanciamento das tradições de transmissão oral, e sobretudo o fato de não ter para quem transmitir o conhecimento ancestral, é um grande temor entre os anciãos e sacerdotes nas sociedades subsaarianas, conforme nos elucida

Hampatê Bá (2010) em seu texto *Tradição viva*. Pois o saber está na palavra e não na letra, pois a letra é apenas uma fotografia da palavra, mas, se não for pronunciada, não traz o axé da palavra. Vou mais além ainda neste conceito, e ouso afirmar, segundo esta lógica, que a obra de arte é a fotografia da arte, e não a arte em si mesma. Pois a partir do momento em que existe o conceito da arte no imaginário do artista, ela já se faz viva, e a obra de arte é apenas a fotografia deste conceito que teve origem na sensibilidade do artista. Dentro dos processos criativos dos textos da oralidade iorubá, isto também se expressa, como veremos mais à frente quando formos falar da estrutura dos orikis. Entendemos melhor isto se nos lembrarmos que, sem o conceito de ori, não podemos criar orikis.

Outro ponto que não se pode esquecer, é que a palavra entre os iorubás, tendo em si o princípio da força vital e da lei ancestral que nos sustenta (o axé), não pode admitir a mentira senão como uma transgressão moral. O que também Hampâté Bá (2010) cita no caso dos bambaras e fulanis em seu *Tradição viva*, devido ao fato de a própria criação, para estes povos, ter emergido da Palavra do Criador.

Para ilustrar a relevância desta transgressão moral que é a mentira, e do mentiroso como transgressor moral, no contexto do poder da palavra como portadora da força vital e da lei ancestral do axé entre os iorubás, podemos citar exemplos de versos de orikis de Xangô, Oxum e Iansã, como:

Ela fura com sua sineta o ventre do mentiroso [oriki de Oxum Ipetu]
Ele não aceita a oferenda do mentiroso [oriki de Xangô em Oyó]
Ele mata o mentiroso e enfia seu dedo no olho dele [oriki de Xangô Afonjá]

Olha brutalmente de soslaio o mentiroso [oriki de
Xangô em Osogbo]
O mentiroso foge antes mesmo que ele lhe dirija a
palavra [oriki de Xangô em Osogbo]
Os daomeanos são mentirosos, eles não têm um
talismã como o de Oyá [oriki de Oyá]

Na ultima citação, temos um exemplo histórico de que esta transgressão moral poderia até mesmo ser um dos fatores que legitimariam o domínio do reino iorubá de Oyó sobre o Daomé no imaginário dos iorubás, pelo fato de que os daomeanos, ao serem colocados e taxados com a reputação de mentirosos, mesmo que hipoteticamente, seriam, dessa forma, moralmente inferiores aos iorubás, e por isso poderiam ser subjugados pela Coroa do Alafim de Oyó.

Gêneros da literatura oral iorubá

Voltando a defender que não é pelo fato da ausência da palavra escrita que uma sociedade não pode desenvolver ricos gêneros literários, exponho, segundo nos enumera Salami (1993, 1999), os gêneros da literatura oral iorubá mais importantes, que são:

- Oriki – Evocação. Utilizado para evocar a presença e o espírito (ori) do seu objeto. Um oriki de orixá, por exemplo, se corretamente pronunciado, pode fazer com que um iniciado entre em transe.
- Adura – Oração. É utilizada para fazer pedidos aos orixás e divindades ou ancestrais, pode conter trechos de orikis, como é o caso da adura (oração) de Xangô, mas difere na forma e na função de um oriki.

- Iba – Saudação. Utilizada para se colocar em posição de submissão ao orixá, rei ou ancestral mítico ou de linhagem.
- Orin – Cantigas. Usadas para trazer à memória e homenagear o objeto da cantiga.
- Orin Esa – Cantigas de homenagem aos ancestrais masculinos.
- Orin Efe – Cantigas em homenagem aos ancestrais femininos.
- Ijalá e Iremojé – Grandes poemas. Geralmente recitados para se preparar para determinadas atividades dentro de ofícios considerados nobres ou essenciais (como a caça no caso dos ijalá, que eram basicamente poemas feitos em homenagem aos caçadores ancestrais para que os de hoje tenham uma boa caça).

Esta multiplicidade de gêneros nos faz refletir que, enquanto sociedades da África Subsaariana de tradição literária oral, como a iorubá, desenvolvem toda esta variedade, na formação clássica de educadores, no Brasil e na diáspora, ainda nos atemos somente ao estudo do poema épico das sociedades da cultura clássica grega, como se fosse a única capaz de nos dar uma ideia dos fundamentos do herói na educação. Agimos como se a África Subsaariana não dissesse respeito a nós e à nossa cultura, ignorando toda essa riqueza, somente porque nossa cultura, preconceituosamente, até o momento taxou estas sociedades como ágrafas, e que, portanto, não tinham nada a contribuir em nossa educação.

Importância da genealogia nas sociedades africanas subsaarianas

Em sociedades de linhagens, como é a maior parte das sociedades da África Subsaariana, onde o papel do ancestral mítico muitas vezes é objeto de culto, as genealogias assumem um papel central nas relações de poder: quanto maior a proximidade com o ancestral mítico, mais legítima se torna a liderança dentro das sociedades africanas subsaarianas, como expôs o antropólogo Carlos Serrano (2003) em suas aulas na USP e no documentário *O Povo Brasileiro* (MATRIZ, 2019).

Ilustro abaixo com a genealogia do Alafim de Oyó, que, como podemos ver, é descendente, por linhagem real, do ancestral mítico que todos nós conhecemos como o deus Xangô, que era neto de Oraniã, o primeiro Alafim, que, por sua vez, é descendente direto de Odudua, o ancestral mítico de todos os reinos iorubás.

Genealogia dos Alafins de Oyó

1. Oraniã (Oranmiyan) – fundou o Império de Oyó.
2. Ajaká (Dadá) – deposto por Xangô.
3. Xangô – divinizado como orixá do trovão e raio.
4. Ajaká (Dadá) – reinstalado no trono.
5. Aganju – sobrinho de Xangô.
6. Kori – restaurou o Império após a derrota de Daomé.
7. Oluaso – filho de Kori.
8. Onigbogi – liderou a evacuação de Oyó, provavelmente no século XVI.
9. Ofiran – construiu a cidade de Shaki.
10. Egunoju – fundou Igboho (nova capital de Oyó após a invasão nupe).

ORALIDADE E IMPORTÂNCIA DA PALAVRA ENTRE OS IORUBÁS

11. Orompoto – irmã de Egunoju, primeira mulher coroada Alafim de Oyó.

12. Ajiboyede – criou o Festival Beré (entrega de presentes dos vassalos ao Alafim de Oyó e consagração do material para renovar o palácio) para celebrar a derrota dos nupes.

13. Abipa – 1570-1580

14. a) Obalokun – 1580-1600. b) Oluodo (governante interino) – 1600

15. Ajagbo – 1600-1658

16. Odaranwu – 1658-1660

17. Kanran – 1660-1665

18. Jayin (primeiro Awuyale de Ijebu Odé) – 1655-1670

19. Ayibi – 1678-1690

20. Osiyango – 1690-1698

21. Ojigi – 1698-1732

22. Gbaru (Baru, considerado reencarnação de Xangô) – 1732-1738

23. Amuniwaye (filho de Gbaru) – 1738-1742

24. Onisile – 1742-1750

25. Labisi (deposto) – 1750

26. Awonbioju – 1750

27. Agboluaje (celebrou o Festival Beré) – 1750-1772

28. Majeogbe – 1772-1775

29. Abiodun (celebrou o Festival Beré) – 1755-1805

30. Aole – 1801

31. Adebo – 1801

32. Maku – 1802-1830

33. Majotu (Ilorin tomada pelos fulanis) – 1830

34. Amodo – 1830

35. Oluewu (queda da antiga Oyó) – 1833-1834

36. Abiodun Atiba (fundou a atual Oyó; celebrou o Festival Beré) – 1837-1859

33

37. Adelu – 1858-1875
38. Adeyemi I – 1875-1905
39. Lawani Agogoija – 1905-1911
40. Ladigbolu – 1911-1944
41. Adeniran Adeyemi II – 1945-1955
42. Bello Gbadegesin (Ladigbolu II) – 1956-1968
43. Adeyemi III (Alafim atual de Oyó e Chefe da Terra Iorubá) – 1971-ainda no poder em 2019

(AFROPEDE@, 2019, tradução livre)

O griot genealogista e o autor de orikis genealogista

Griot (pronuncia-se "griô") é um nome que vem do francês e é atribuído ao "trovador" das tradições orais entre os fulas, bambaras e baribás, como nos mostra Hampâté Bâ (2010) em seu texto *Tradição viva*. Em outras sociedades da África Subsaariana, sobretudo entre os povos sudaneses, temos seus correspondentes. Segundo a obra de Hampâté Bâ, existem vários tipos de *griots* e, entre eles, o genealogista que, não raro, viajava pelas imediações dos reinos vizinhos, para buscar as origens que constituíram as genealogias das famílias e fazer seus poemas de genealogia (tal qual os *oriki orilé* dos iorubás), que deveriam ser recitados e cantados nas cerimônias importantes e nos ritos de passagem. Entretanto, havia outros tipos de *griots* que desempenhavam papéis similares aos bobos da corte da Europa, a quem era permitido mentir ou distorcer a verdade em nome de sua arte, que tinham a função de divertir as cortes e sociedades com seus poemas, o que excepcionalmente não era visto como uma transgressão moral, segundo nos afirma Hampâté Bâ.

Na tradição iorubá, mais precisamente no Reino de Oyó, o papel do *griot* genealogista, especificamente, é desempenhado pela figura do arokin.

Estrutura e forma dos orikis

Antonio Risério (1996), Bolanle Awe (1974) e Karin Barber (1981) são autores que demonstram bem como se estruturam os orikis e de quem, por isso, recomendo fortemente a leitura. A historiadora nigeriana Bolanle Awe, que cito abaixo, conceitua bem sucintamente como se estruturam os orikis de forma geral quando diz:

> O oriki não é um poema feito de uma só vez, mas é composto aos poucos durante toda a vida do indivíduo; apelidos, lemas ou frases em linguagem hiperbólica são criados por seus contemporâneos – amigos e inimigos – que puderam observá-lo de perto. [...] O oriki, portanto, surge como expressão da opinião pública [...] Esse tipo de poema é formado usualmente por três partes: começa com uma série curta de nomes que descrevem o status da pessoa, sua aparência, apelidos etc.; a segunda parte é mais longa e lista as realizações e honrarias da pessoa, enquanto a terceira parte, também curta, aborda comentários, opiniões e críticas sobre ela. (AWE, 1974, p. 333, tradução livre)

Como podemos observar, esta estrutura tripla é uma característica da maioria dos orikis, contudo, se observamos muitos orikis de orixás, podemos verificar que nem sempre todas estas três partes estão presentes ou, quando estão, nem sempre

ANTROPOLOGIA DOS ORIXÁS

seguem fielmente esta ordem de enumeração, realizações e comentários sobre realizações.

Para que observemos tal fato, transcrevo abaixo um pequeno oriki de Oxum coletado no Queto por Pierre Verger (1999):

> Minha mãe é bela, muito bela. [comentário]
> [...]
> ialodê cuja pele é muito lisa [enumeração]
> Quando ela sai todo mundo a saúda [comentário]
> Minha mãe que cria o jogo de ayo e cria o jogador.
> [realização]
> [...]
> O filho entregará o dinheiro na sua mão. [comentário]

O mais relevante, sobretudo, a partir deste exemplo, é que percebamos que as regras do oriki não são fixas como em um soneto, poema parnasiano, ou outros gêneros da literatura ocidental dentro de diversas escolas literárias, sejam eles em verso ou prosa.

Além disso, Risério nos expõe outros elementos relevantes na forma dos orikis, conforme podemos ver em sua obra *Oriki orixá*, como quando nos fala:

> As palavras têm no oriki uma carga especial. Uma certa densidade energética. E coisas podem acontecer a partir de sua simples emissão. Quando recito um oriki de Oiá Iansã, sei que ela está me ouvindo – e que, a depender do meu gesto e da minha fidelidade textual pode me abençoar. [...] a última coisa que devemos esperar encontrar em um oriki de orixá, é o desenvolvimento lógico linear de uma ideia ou de um enredo. Inexiste aqui qualquer preocupação em tecer uma estória ou recontar uma his-

ORALIDADE E IMPORTÂNCIA DA PALAVRA ENTRE OS IORUBÁS

tória. [...] Referindo-se especificamente a orikis de personagens notáveis, Bólánlé Awé lamenta: "Diferentemente
de outras tradições orais, o oriki não conta uma estória;
apenas delineia um retrato que é frequentemente incom-
pleto; tal retrato somente ilumina aqueles aspectos que os
contemporâneos julgaram dignos de nota na vida de um
indivíduo, e faz isso algumas vezes, numa linguagem tão
sucinta, altamente figurativa e comprimida que a tradução
com frequência apresenta-se um problema". [...] Antes de
desenvolver linearmente um discurso, o oriki opera pela
justaposição de blocos verbais. (RISÉRIO, 1996, p. 42-44)

Risério vai mais além, afirmando que o oriki pode ser com-
parado e compreendido mesmo como um ideograma. Podemos
perceber, no exemplo do oriki de Oxum citado, que ele tece e
constrói imagens ao referir-se à "mãe de pele muito lisa" que "cria
o jogo de ayo e o jogador" e para a qual "o filho entrega o dinheiro
em suas mãos". Se tivermos a imaginação dos iorubás, poderemos até mesmo visualizar estas cenas enquanto os recitamos.

Estas imagens, tal qual ideogramas, que isoladamente nem
sempre em si trazem significados, se justapõem para formar,
através deste conjunto de imagens, uma evocação ao orixá (no
caso dos orikis de orixás) ou ao objeto que se fez tema do oriki
em questão. Risério reforça isto quando afirma:

O gosto pelo grandioso é uma *trade mark* do gênero.
Em outras palavras, o modo de definição do objeto, que
encontramos no oriki, funda-se na maximização dos
traços daquilo que é representado. É a visão enfática,
superenfática, das personagens, das coisas, fenômenos e
processos. A *hyperbolê*, figura do excesso. [...] A estes traços
francamente espetaculosos, extraordinários, somam-se

37

os rasgos imagéticos. O galope de imagens, como costumo dizer. São imagens amplas, coruscantes e contundentes [...] a *imagerie* [produção de imagens] do oriki se pauta pelo insólito, o grandioso, o extravagante. (RISÉRIO, 1996, p. 45)

Não há métrica nem extensão predefinidos para os orikis, podem ser curtos ou muito longos. Tudo depende do número de imagens que devem ser justapostas (tal qual são os ideogramas) a fim de trazer à tona e ao mesmo tempo construir o conjunto da figura final que representa o espírito do objeto a ser evocado ou saudado.

Para tanto, observamos que os orikis podem utilizar diversos recursos, pois, como exemplifica Verger (1999) nos orikis de Ogum (como nos de outros orixás), neles podem ser utilizados provérbios, imprecações ou até mesmo sentenças que estejam vivas no universo simbólico e no imaginário da coletividade e que possam ser utilizadas na construção destas imagens que constituem o oriki.

Orikis de orixás

Além de explorar o caráter alegórico e estético dos orikis, a historiadora Bolanle Awe, em sua obra, nos fala do exemplo do oriki como documento histórico.

Para exemplificar o que um oriki pode trazer em informação e em riqueza simbólica em um simples verso, vou analisar três versos de três orikis de orixás em duas situações que se iniciam na África e têm seu prosseguimento na diáspora africana no Brasil.

Senhor dos gêmeos.

ORALIDADE E IMPORTÂNCIA DA PALAVRA ENTRE OS IORUBÁS

Este simples e aparentemente despretensioso verso do oriki de Xangô, nos remete a um conceito importantíssimo dentro da maior parte das sociedades subsaarianas, que é o conceito de gemelaridade. Na maior parte das sociedades da África Subsaariana, a figura dos gêmeos é de grande importância e sempre é um tema comum, com o qual estas sociedades lidam de diversas formas, como sendo relevante em sua estrutura social. Alguns povos, como os iorubás, veem o nascimento de gêmeos como algo benéfico, outras podem até mesmo abandonar um deles.

Os gêmeos simbolizam, para as sociedades subsaarianas, tudo o que é duplo e, a partir do conceito de gemelaridade, desenha-se o conceito de simetria e assimetria para estes povos. Tanto o duplo quanto a dualidade da simetria e assimetria referem-se de alguma forma à relação destes povos com as relações de poder. Daí a questão dos gêmeos estar ligada direta ou indiretamente, de forma simbólica, com as relações de poder na África subsaariana.

Conforme o antropólogo Carlos Serrano (2003) expôs em uma de suas aulas na USP, a partir de um vídeo de máscaras de um dos povos de origem banta de Angola, as máscaras simétricas simbolizavam de alguma forma relações harmônicas com o espiritual, e as máscaras assimétricas representavam a autoridade dos chefes. O que talvez, de forma especulativa, nos faça acreditar que as relações de poder, por inegavelmente trazerem em si algum grau de opressão, são elas mesmas assimétricas. Segundo Serrano, este conceito da gemelaridade e, consequentemente, da simetria e assimetria relacionada ao poder, é uma constante na África Subsaariana.

Voltando ao exemplo dos iorubás e de Xangô, entendemos melhor como se manifesta esta relação do duplo, da gemelaridade e do poder, se analisarmos a simbologia do próprio oxé (*osé*, machado duplo) que é a ferramenta de Xangô.

39

ANTROPOLOGIA DOS ORIXÁS

Normalmente o oxé é simbolizado por um machado simétrico de face dupla com um homem no centro como base, ou com dois gêmeos (um em cada lado abaixo das faces do machado), motivo pelo qual ele é chamado o senhor dos gêmeos. O oxé de Xangô, evidentemente, carrega em si tanto o princípio da simetria como o da gemelaridade, presente no imaginário dos povos subsaarianos. Portanto, o oxé do senhor dos gêmeos representa o poder duplo, mas, por ser simétrico, pode passar a ideia de que este poder não é baseado em relações de opressão, mas sim religiosamente fundamentado na base da ancestralidade do herói mítico deificado, tal como Xangô o é realmente. Os gêmeos, ou a simetria do homem que se encontra no centro do oxé, pode representar também o equilíbrio existente (ou ideal, que deveria existir) no poder duplo que se instalou em Oyó entre os Alafins a partir de Xangô (que também tinha origem materna em invasores dos povos nupe e baribá) e a sociedade Ogboni, que era o conselho popular que representava o poder do povo autóctone descendente somente do ancestral mítico de Ilê Ifé (Odudua). Em outro contexto, segundo estes critérios criados pelo princípio da gemelaridade e simetria, o oxé de Xangô simbolicamente também representa o equilíbrio do poder duplo do rei divinizado pelo Orum (o Alafim) e a sociedade Ogboni, que representava o poder terreno (do Aiê). Outro fato relevante é que o próprio Oraniã (avô de Xangô e primeiro Alafim) tem a pele simetricamente pintada de branco e preto, o que já prenunciava este conceito de poder duplo de Oyó em harmonia, legitimado na figura do próprio ancestral mítico.

Trazendo para a diáspora, a partir deste conceito de poder duplo em harmonia, legitimado pelo plano espiritual, que vemos na representação do oxé de Xangô, percebemos que a cruz cristã tem o mesmo princípio de simetria que se aproxima do oxé e, no imaginário do povo iorubá na diáspora, pode ter tido

40

a mesma carga simbólica. Coincidentemente, vemos que, não raro, algumas sociedades de religiões afro-brasileiras tradicionais, na Bahia, têm cruzes cristãs em seu interior e muitas vezes têm suas origens em irmandades cristãs de escravizados. O que não deixa de ter um paralelo com a representação de sociedade de resistência que era a sociedade Ogboni em terras iorubás, que pode, por sua vez e sem dúvida, ter inspirado a organização e estrutura destas irmandades cristãs de escravizados na Bahia.

***

Vejamos agora outros dois orikis, de Oxum Ipondá e Logum Edé:

> Ela entra na casa do preguiçoso e este foge. [de
> Oxum Ipondá]
> O preguiçoso está satisfeito entre os transeuntes [pois
> não é visto]. [de Logum Edé]

Um fato importante que encontramos com frequência nos orikis de orixá é a referência ao preguiçoso (*olé*), que é tratado como sendo um transgressor moral tal qual o mentiroso, como nos exemplos dos versos dos orikis de Oxum Ipondá e Logum Edé.

De qualquer forma, ao estudarmos a dinâmica das sociedades que se iniciaram no processo de caça e coleta, evoluindo para a agricultura e o pastoreio e mais tarde também se tornando urbanas, percebemos que não há realmente lugar confortável para o preguiçoso na sociedade iorubá, assim como nas outras sociedades da África Subsaariana. A estrutura de linhagens, na qual a constituição da família e o trabalho dos mais jovens se fazem imprescindíveis para o sustento dos mais velhos, de sua família e da estruturação do modo de produção desta sociedade, não pode aceitar realmente a figura do preguiçoso (que se recusa a produzir). Portanto, não há outra forma senão transformar esta personagem em um transgressor moral, como o mentiroso.

Na diáspora, os muitos senhores preferiam escravizados de etnias que tinham desenvolvido habilidades específicas para suprir as necessidades de produção de suas sociedades na África. Outro fator que fazia com que preferissem determinados grupos étnicos era justamente o quão evidente era a valorização do trabalho nas sociedades de origem dos escravizados.

Portanto, em todas as sociedades africanas subsaarianas que se organizam através de linhagens, como a dos iorubás, o trabalho era valorizado por ser fundamental à sobrevivência da sociedade. O que nos explica, neste caso, por que o preguiçoso era relegado ao papel de transgressor moral.

Um dos objetivos de tocar neste assunto, a partir dos orikis, é justamente contribuir para desconstruir a ideia do nosso imaginário coletivo nacional de que, devido às nossas origens africanas herdadas da época da escravidão, temos a tendência a ser um povo indolente. Não podemos negar que esta é uma imagem que muitos fazemos de nós mesmos, mas, ao entender melhor as relações de produção dentro das sociedades da África Subsaariana, vemos que se trata de um mero preconceito.

Este preconceito inclusive serve para nos cegar ao fato de que, segundo dados de 2016, nós brasileiros, com uma jornada semanal média de 40 horas, trabalhamos cerca de seis horas a mais que os trabalhadores dos dez países do mundo com a menor jornada semanal, cuja média é de 34,4 horas (EURO-FOUND; ILO, 2019). Este fato deixa ainda mais evidente que isto que muito de nós aceitamos passivamente sobre nós mesmos não pode ser outra coisa senão mero preconceito.

Outro fator que me faz colocar esta afirmação é que tudo isto evidencia que, se este imaginário preconceituoso e de baixa estima atual serve aos propósitos de alguém, certamente não é aos propósitos de quem produz em nosso país, que é a imensa maioria.

Orikis de genealogia e de nominação

Oriki orilé é o nome dado ao oriki de linhagem, que tem uma relação estreita com as marcas faciais. Na sociedade iorubá, ao ver as marcas faciais de alguém que chega, todos em um grupo, se desejam saudá-lo, recitam seu oriki orilé, para evocar sua ancestralidade e seus antepassados, assim como nos explica Salami (1999) em sua tese.

Como falam Karin Barber (1981) e Bolanle Awe (1974), o oriki de uma pessoa é constituído durante o decorrer de sua vida. Quando ela nasce, o oriki de nominação é feito durante uma cerimônia que pode ser correlacionada com o que, na tradição cristã ocidental, conhecemos como batismo. Durante os ritos de passagem, são acrescidos outros elementos e o oriki é atualizado, sendo que assim temos um panorama de feitos, provérbios e até mesmo imprecações que evocam a personalidade da pessoa.

Fazendo um parêntese para tentar explicar algo que se aproxima de um oriki de nominação e que aconteceu comigo, cito, para dar um exemplo, que meu oriki começou a ser feito quando descobri meu nome de santo a partir de uma oferenda que pedi para ser feita para minha mãe Oxum na África, na ocasião do Festival de Oxum em Osogbo (cidade de Oxum na Nigéria).

Ao fazer a oferenda e Oxum ter aceitado, meu nome de filho de Oxum foi revelado para a sacerdotisa do templo desta deusa em Osogbo, que o falou para meu correspondente na cidade.

Osunfemi, portanto é meu nome no Orum dado por Oxum e o que começa meu oriki de nominação, pois representa a minha primeira titulação, a qual evocaria meu ori. Osunfemi é a contração de *Osun nife mi* (Oxum me ama) ou *Osun fe mi* (Oxum me quer), e que, em outras palavras, também quer dizer "O amor de Oxum". Segundo a tradição iorubá, este é um nome e título que constitui minha identidade e que inicia meu oriki de nominação.

Podemos definir o oriki de nominação e também o de linhagem de uma pessoa como um fator que a identifica em uma sociedade. Grosso modo, podemos identificar o oriki de nominação como sendo uma verdadeira carteira de identidade, que tem suas informações registradas, não em um banco de dados de um arquivo ou computador, mas sim no imaginário coletivo de um grupo e registrado no Orum.

Por falar em identidade, faço outro parêntese importante ao falar de nominação. Meu propósito, ao estudar tradições e história da África, não é fazer um favor aos brasileiros de pele negra como se eles fossem para mim uma alteridade. Meu objetivo é dar uma pequena contribuição para o resgate de nossa plena identidade nacional a partir do reconhecimento de culturas deste povo que vem da África. Este povo que, além de nos constituir geneticamente, independente da cor de nossas peles (pois muitos brasileiros que não têm a pele negra são descendentes de africanos negros), constitui um fator importante de nossa expressão nacional (IBGE, 2019, tabela 262; MACHADO, 2019). Quem pode dizer, por exemplo, que nosso abraço brasileiro é diferente ou está distante do abraço dos orixás do Queto que encostam peito com peito para transmitir seu axé, pois também abraçamos para transmitir nossa energia? Quem pode negar que nossa forma de falar, andar, sorrir, nossa espontaneidade, que nos diferenciam dos europeus mais alegres, tenha sido herdada destes nossos ancestrais africanos? Quem pode negar que, ao aceitarmos a discriminação velada de nosso país aos brasileiros de pele negra em sua ascensão social, estamos não somente negando-lhes o direito à sua plena cidadania, mas também nossa plena identidade, querendo fazer parecer que se tratam realmente de uma alteridade e recusando o fato de que somos realmente descendentes de negros africanos, seja geneticamente, seja ao menos em nossa expressão, mesmo que não tenhamos a pele negra? Quem pode negar que, ao querermos parecer uma cópia malfeita de europeus, recusamos assumir o que somos realmente? Quem pode? Acho que só quem pode negar a ancestralidade, esconder o sorriso, negar o abraço, tropeçar nos próprios passos, ou recusar a preferência pela espontaneidade, só quem quer esquecer o que é e assim deixar de ser brasileiro para ser uma imitação de estrangeiro, pode fazer isto. Mas, sem dúvida, este precisará trabalhar para transformar o seu ori.

Não podemos negar que somos filhos da diáspora africana, assim como de outras diásporas e massacres. Portanto, só nos resta tentar reconstruir e resgatar esta nossa identidade plena, a fim de acharmos uma proposta real de progresso comum, que não seja fragmentária ou que sustente e crie guetos de exclusão, ao invés de tentar imitar o que não somos. Por isso estudo esta cultura e creio que deva ser esta uma das motivações de quem por ela se interessa, independentemente de nossas cores de pele.

Neo-orikis

Segundo Antonio Risério (1996), temos exemplos de neo-orikis em diversas músicas de compositores como Gilberto Gil e Caetano Veloso, o que mostra que o gênero nos influencia até hoje e está presente em nossa poética oral. Um dos exemplos que Risério nos traz de neo-oriki é a música *Iansã*, interpretada por Maria Bethânia, de que transcrevo trechos a seguir.

Iansã

Senhora das nuvens de chumbo
Senhora do mundo dentro de mim [...]
Rainha dos raios, tempo bom, tempo ruim
Senhora das chuvas de junho
Senhora de tudo dentro de mim
[...] Rainha dos raios [titulações que fazem parte de um oriki]
[...] Eu sou o céu para as tuas tempestades
[comentários relativos aos feitos]
[...] Deusa pagã dos relâmpagos
Das chuvas de todo ano [...] [mais titulações]
(VELOSO; GIL, 1972)

Dá para observar características claras dos orikis nessa letra, ainda mais a construção de imagens que formam o ideograma em nosso imaginário.

Contudo, além do que Risério nos fala, podemos ver em outras músicas características de orikis. Uma, dentre as que vejo como exemplo bem claro, é na música *Maria de Verdade*, interpretada por Marisa Monte, da autoria do baiano Carlinhos Brown (1994), de que transcrevo trechos a seguir.

Maria de verdade

Pousa-se toda MARIA
no varal [...]
Fostes besouro MARIA

ORALIDADE E IMPORTÂNCIA DA PALAVRA ENTRE OS IORUBÁS

São claros aqui os feitos e imagens.

> [...]
> Farinhar bem, derramar a canção
> Revirar trens, louco mover paixão
> Nas direções, programado e emoldurado
> Esperarei romântico

Preste atenção nas imagens que se formam nesta estrofe.

> Sou a pessoa MARIA
> Na água quente e boa gente tua MARIA
> Voa quem voa MARIA
> e a alma sempre boa sempre vou à MARIA
> Preste atenção nos comentários de realizações e
> caracterização do objeto do tema da música.
> [...] vitimado no profundo poço
> na poça do mundo
> do céu amor vai chover
> Tua pessoa MARIA
> Mesmo que doa MARIA
> Tua pessoa MARIA [...]

Aqui aparecem mais imagens justapostas.

Como vemos, esta música mostra bem como se apresenta um personagem em um oriki: ressalta os seus feitos e não quer necessariamente ter uma sequência lógica, mas sim construir imagens que tragam à superfície da poesia o espírito da personagem. Traços muito parecidos com orikis de orixás. As imagens do oriki também constroem os arquétipos dos heróis na memória coletiva na tradição iorubá.

47

Exercícios sobre orikis (sugestão de atividades)

Resgate da memória histórica
conforme a tradição oral africana

Oriki de genealogia

Esta é uma atividade para professores de História no ensino fundamental exercitarem a memória histórica na tradição oral africana, com um exercício que se aproxime dos orikis. A ideia é simular a construção de um neo-oriki de grupo ou pessoa. O exercício foi tema do meu trabalho na disciplina de metodologia do ensino de História na Faculdade de Educação da USP. O processo se dá em etapas que resumo a seguir.

1 – O primeiro passo consiste na escolha do tema a ser proposto na oficina de oriki.
Exemplos:
- Minha família
- Nossa classe
- Nossos professores

2 – O segundo passo diz respeito ao levantamento das imagens que fazem menção ao tema.
Exemplos:
Fotos da família, da classe da escola ou de professores escolhidos como temas do oriki a ser elaborado.

3 – O terceiro passo diz respeito às titulações: nomes, apelidos, conceitos sobre o objeto do poema.
Exemplos:
- Família dos Grandes Homens
- Classe dos Respeitosos
- Professores Perfeitos

4 – O quarto passo diz respeito ao levantamento de feitos e realizações do objeto do poema.

Exemplos:

- Viveram juntos até o final da vida apesar de todas as dificuldades.
- Foram a melhor classe da escola em todos os tempos.
- Foi um grande professor, muito compreensivo e amigo.

5 – A quinta parte diz respeito a provérbios que se aplicam ao tema do poema.

Exemplos:

- Só se conhece alguém quando se come um saco de sal junto.
- Quem usa cuida.
- Quem ama confia.

6 – No passo seguinte se dá a construção do poema inicial.

O processo é feito com a participção de todos.

7 – No sétimo passo se faz a atualização do poema durante um certo período.

Com o tempo estipulado para o exercício, faz-se o registro, a cada período predeterminado, de novos acontecimentos que se adicionem ao poema, e a transformação disto em forma de imagens.

8 – No final do período compara-se o poema inicial ao final.

O objetivo é perceber como são registradas as transformações pelo sistema de registro histórico oral e como funcionam e são importantes os recursos de memória neste referencial cultural.

9 – Todos leem o poema.

Cada um lê de forma independente, refletindo e fazendo anotações.

EXERCÍCIOS SOBRE ORIKIS (SUGESTÃO DE ATIVIDADES)

10 – O poema é discutido pelo grupo.
Cada um diz o que lembra ou foi mais marcante no poema e que imagem mais o marcou.

11 – O grupo faz uma síntese da discussão.
São verificadas quais as imagens que mais se formam e como se relacionam entre si.

12 – Estas imagens são comparadas com as fotografias.
Lembrem-se das fotografias coletadas incialmente.

13 – Cada um tenta desenhar a imagem que mais o marcou, materializando a fotografia.
Usam-se como referências as fotografias iniciais.

14 – O grupo examina e discute os desenhos.
Discute-se, a partir dos desenhos, como uma visão pode ser subjetiva em relação a outra: o que forma a visão do coletivo é uma visão comum, e é isto que forma o registro histórico na memória coletiva em uma sociedade onde a oralidade é predominante.

Daí, dependendo da turma, podem-se discutir várias coisas. Pode-se entrar na temática das lendas e verificar nelas como se formam os mitos, gêneros literários épicos populares ou não, que se constroem fortemente a partir da oralidade e que se baseiam ou se basearam inicialmente fortemente na oralidade, etc. (que são objetos de outros cursos que ministro).

***

Comparando os dois exemplos, o nosso e o da sociedade tradicional iorubá, no contexto dos orikis, algo que percebemos de imediato é que, sem dúvida, estas sociedades baseiam-se em

51

valores extremamente diferentes. Podemos dizer que somos esta sociedade de consumo ocidental sem memória e na qual nem a memória de nossa origem faz parte de nossas riquezas (como é feito nas sociedades subsaarianas). Nossos valores de consumo não comportam a tradição. Busca-se o novo pelo novo, sem se fundamentar na autoridade que vem da tradição, segundo nos faz pensar Hannah Arendt (1992) quando lemos seu texto sobre autoridade. Nesse ímpeto, construímos uma identidade que não lembre que no nosso passado somos filhos desta diáspora e destas tradições, que fazemos questão de esquecer. Dessa forma nos tornamos simples consumidores e cópias malfeitas desta civilização ocidental proveniente, supostamente, apenas do mundo clássico e que hoje se transformou na sociedade de consumo que conhecemos ou formamos em nosso imaginário coletivo. Para esta sociedade, a descoberta de outras ancestralidades e a afirmação da identidade integral do que nos formou não tem espaço e não interessa. Por outro lado, vemos que temos muito a ganhar ao perceber esta nova sociedade que não é objeto de estudo de um povo exótico, como para muitos no meio acadêmico ocidental dos países ditos centrais, que são quem nos fornece suas referências sobre estes povos, e que, pelo contrário, estas sociedades nos dizem respeito e nos antecedem na verdade. Descobrimos muito sobre nós mesmos ao entrarmos em contato com sua estética, cultura e valores.

Meu objetivo, e também do Núcleo de Extensão da Biblioteca de Osasco e do Centro Cultural Africano, é, com este trabalho, dar uma pequena contribuição para que os participantes transformem sua percepção e resgatem elementos que construam sua própria identidade ao enxergar a forma como esta cultura ancestral percebe sua própria sociedade. De forma alguma nosso objetivo, e de quem estuda e mergulha na descoberta de uma nova cultura, como as culturas africanas paradoxal-

EXERCÍCIOS SOBRE ORIKIS (SUGESTÃO DE ATIVIDADES)

mente ainda são para nós, deve ser apenas falar bonito para reproduzir o que já conhecemos e que formou esta sociedade excludente e que se firma na criação de estereótipos de outras sociedades. Dar uma pequena e mínima contribuição para ajudar a transformar e agregar elementos novos à percepção de mundo, cultura e sociedade dos participantes e leitores, a fim de que construam uma identidade mais completa, foi o meu objetivo principal neste texto e trabalho.

Os mitos dos orixás a partir de seus orikis

SEG

SEGUNDA PARTE

Exu está de pé na entrada

Com este verso do oriki de Exu, abro esta seção pedindo passagem ao Senhor do Caminho para iniciar este ciclo de textos sobre os mitos dos orixás na civilização iorubá a partir de seus orikis.

Conforme coloquei nas reflexões anteriores sobre os orikis, pelo simples fato de falarmos dos iorubás, estamos expostos a que digam que estamos defendendo a nagocracia, e por esse mesmo simples fato somos taxados de estarmos igualmente defendendo uma suposta supremacia nagô em relação a outros povos africanos subsaarianos.

Contudo, o que repito é que, na verdade, o que vejo em relação à maioria das produções referentes aos iorubás é algo que chamo de nagonomia, pois estas produções só ressaltam a função mística dos mitos, negligenciando assim aspectos sociológicos, antropológicos e históricos que o estudo da cultura deste povo a partir de seus mitos pode ter.

Isto faz com que o material que nos dê subsídios de fato para uma análise mais aprofundada sobre a cultura iorubá seja, na verdade, salvo poucas exceções, tão escasso quanto o de qualquer outro povo da África Subsaariana que tenha ajudado a nos constituir como povo, a nós brasileiros, no processo de sua diáspora.

Para reforçar e elucidar a questão, trago o que escreve Campbell, quando citado por Juarez Xavier (2004) em sua tese de doutorado sobre poemas de Ifá como mito. Segundo o que Xavier observa em Campbell, o mito tem quatro grandes dimensões, que são a mística, a cosmológica, a sociológica e a pedagógica. Campbell nos fala que:

> Os mitos têm basicamente quatro funções. A primeira é a função mística – e é disso que venho falando, dando conta da maravilha que é o universo, da maravilha que

é você, e vivenciando o espanto diante do mistério. Os mitos abrem o mundo para a dimensão do mistério, para a consciência do mistério que subjaz a todas as formas. Se isso lhe escapar, você não terá uma mitologia. [...] A segunda é a dimensão cosmológica, a dimensão da qual a ciência se ocupa, mostrando qual é a forma do universo, mas fazendo-o de uma tal maneira que o mistério outra vez se manifeste. [...] A terceira função é sociológica – suporte e validação de determinada ordem social. [...] a função pedagógica [ensina] como viver uma vida humana sob qualquer circunstância. Os mitos podem ensinar-nos isso. (CAMPBELL, 1991, p. 32)

Juarez Xavier ainda conclui em sua tese elucidando que a dimensão mística é respectiva à relação entre sagrado e profano no universo do mito; a cosmológica refere-se às relações de equilíbrio cósmico das forças presentes no mito; a sociológica, à distribuição de papéis sociais e sua importância na definição do corpo sacerdotal e de sua hierarquia; e a quarta, aos ensinamentos tradicionais transmitidos pelo mito às futuras gerações.

Corroborando o que nos elucida Juarez, Sikiru Salami (1993), em suas aulas de Cultura Iorubá na USP, resumia a função dos orixás iorubanos como sendo antes de tudo civilizatória. Esta visão de Salami complementa e redefine mais sucintamente as afirmações de Campbell e Xavier, pois, segundo a mesma, podemos concluir que as funções sociológica e pedagógica do mito são intrínsecas à sua função civilizatória.

Em sua função sociológica, o mito pode ajudar a definir, não somente o corpo sacerdotal, mas também toda uma estrutura social de um povo. Já em sua função pedagógica, podemos ter a definição de um sistema de racionalidade e comunicação entre outros sistemas.

Outro autor relevante na organização deste estudo que cito é Sacristán (1995, p. 111), que nos sugere o sistema criado pelo educador inglês Denis Lawton para o estudo de culturas diversas. Este sistema fala de nove invariantes presentes em qualquer cultura, que são:

a. estrutura social,
b. sistema econômico,
c. sistema de comunicação,
d. sistema de racionalidade,
e. sistema tecnológico,
f. sistema moral,
g. sistema de crenças,
h. sistema estético e
i. sistema de maturação.

Todos no caso estão ligados ao sistema de crenças, já que utilizaremos os orikis dos orixás para esta análise.

A partir desta proposta, reforço a necessidade de que estudemos os mitos iorubás além de sua função mística. Pois se os estudarmos através dos orikis dos orixás somente nesta dimensão, conseguiremos somente ter alguma ideia do sistema de crenças desta cultura e negligenciaremos todo o resto.

A historiadora nigeriana Bolanle Awe (1974) nos propunha, em um dos seus trabalhos, que víssemos os orikis como fontes de dados históricos dentro da dinâmica histórica dos iorubás. Contudo, indubitavelmente, podemos entender muito sobre todos os tópicos do sistema de Lawton que nos cita Sacristán (1995) através deste gênero da literatura oral iorubá.

Isto possibilita que, a partir dos orikis, nos apropriemos de elementos que nos facilitem a compreensão desta cultura em seu contexto social e antropológico, pois este gênero igualmente nos revela importantes elementos de uma cultura da África

Subsaariana que, por ter diversos fatores comuns com a maior parte de culturas de outros povos subsaarianos, pode auxiliar a que sejamos introduzidos ao estudo etnológico destes povos que ajudaram a nos constituir como nação.

Para melhor elucidar a escolha de tratar dos mitos iorubás além de sua dimensão mística e através das nove invariantes, neste trabalho, podemos relacionar a função mística com o sistema de crenças e, em certa medida, com o sistema estético; a função sociológica com a estrutura social, o sistema econômico, o sistema de maturação e o sistema moral; e a função pedagógica, com os demais sistemas que são os de comunicação, racionalidade e tecnológico.

Em nosso estudo, recorreremos mais às dimensões sociológica e pedagógica do mito através dos orikis para mostrar que, apesar de estarmos utilizando textos referentes à liturgia tradicional iorubá, que têm seu papel importante na dimensão mística do mito, não podemos negligenciar sua inegável função civilizatória.

As principais fontes dos contos e orikis transcritos e comentados nos próximos capítulos são: o clássico *Tratado enciclopédico de Ifá* (2001), da religião afro-cubana; *Ifa divination poetry*, de Wande Abimbola (1977); as obras *Orixás* e *Notas sobre o culto aos orixás e voduns*, ambas de Pierre Verger (1981, 1999); *Órun-Àiyé*, de José Beniste (1997); e *Mitologia dos orixás*, de Reginaldo Prandi (2001).

O mito de Exu na civilização iorubá a partir de seus orikis

Exu, o Senhor do Mercado e dos Caminhos

Como disse anteriormente, o sistema de comunicação se relaciona ao mito em seu aspecto pedagógico (e em certa medida também ao sociológico), e o mito de Exu, entre outras coisas, está diretamente relacionado ao sistema de comunicação dos iorubás.

Como podemos observar a partir de determinados versos dos orikis de Exu, ele está diretamente ligado a este sistema de comunicação na medida em que, no imaginário tanto dos iorubás na África, quanto nos países da diáspora, ele é associado ao caminho, sendo o próprio senhor do caminho. Podemos citar como versos que exemplificam isso:

> Exu está de pé na entrada,
> Ele está de pé na entrada atrás da dobradiça da porta.
> Ele cultiva o campo no lugar onde o velho pode ir.

Não raro, nas entradas das casas iorubás, Exu é simbolizado de alguma forma, seja por um monte de terra e um falo (que o relaciona com a sexualidade e os sentidos ligados a esta que nos fazem comunicar com o mundo sensorial), seja por um tridente nos assentamentos nas entradas das casas de umbanda e candomblé na diáspora.

Em outra dimensão de seu aspecto de comunicador, Exu é tido como o senhor do mercado. Aqui o mito pende mais para sua função sociológica dentro do conjunto de funções que formam a grande função civilizadora do mito.

Antes de nos aprofundarmos na relação do mito de Exu com o mercado, é importante ressaltar que o aparecimento deste mercado nas terras próximas ao Golfo do Benim remonta a épocas anteriores aos primeiros contatos com os europeus,

ANTROPOLOGIA DOS ORIXÁS

como nos explicam Verger e Bastide (1992) no artigo que trata da contribuição ao estudo dos mercados nagôs no Baixo Benim. A chegada dos europeus fez com que os tradicionais búzios fossem substituídos por dinheiro. Neste artigo, os autores citam um relato sobre a viagem do Chevalier de Marchais ao reino de Uidá (no século XVIII) através do que escreveu o padre Labat, que, por sua vez, tenta nos descrever este mercado:

> Têm eles uma semana de quatro dias, dos quais um dia é de feira [...] na Europa não se encontram feiras tão bem organizadas e policiadas, onde não há nenhuma desordem: cada comerciante e as diversas mercadorias têm seu lugar próprio, separados uns dos outros, cada qual em determinado setor estabelecido de antemão e, sob pena de confisco, não podem instalar-se em outro local que não o designado; os compradores podem barganhar à vontade, contanto que o façam sem alarde e que tudo transcorra sem fraude e trapaça. (VERGER; BASTIDE, 1992, p. 146)

Segundo afirmam os autores, no mesmo artigo, este modelo de mercado, que encontramos até os dias atuais no Benim, teria sido proveniente dos modelos de Oyó e Ilê Ifé, consequentemente instituições características da civilização iorubá. Outros fatores relevantes, que nos são descritos por Verger e Bastide, são que, apesar de homens e mulheres constituírem este mercado, as mulheres costumam ser maioria, e que as atividades nesses mercados se dividem normalmente por gênero (o que estudaremos mais detalhadamente adiante).

Para entender melhor a dinâmica da circulação das feiras nos quatro dias da semana iorubá, nesta instituição do mercado nagô, é necessário que saibamos quais são estes dias.

64

- O primeiro dia é Ojo Awo, literalmente, em iorubá, o dia do Segredo, que é por isso dedicado a Ifá e Exu.
- O segundo é Ojo Ogum, literalmente dia da Luta e Guerra, e dedicado a Ogum.
- O terceiro é Ojo Jakuta, literalmente dia da Justiça, e dedicado a Xangô.
- E o quarto é o Ojo Obatalá, dedicado a Obatalá.

Salami (1993), em suas aulas de iorubá, fala de um mito da criação que relaciona a maior parte destes deuses e nos ajuda a entender melhor por que são divididos assim.

Segundo nos conta Salami, quando Olodumare quis criar o universo, criou primeiramente quatro divindades. A primeira seria Ogum, que teria a função de ensinar aos homens os primeiros ofícios da caça e da forja, assim como prepará-los para as guerras e todas as necessidades do Aiê (mundo), e assumindo assim o papel do grande civilizador; a segunda seria Obatalá que, no Orum (céu), seria responsável pelo senso de religiosidade e também pelos códigos morais dos homens ligados ao Orum; o terceiro seria Ifá, que seria o senhor do segredo (awo) do Oráculo, que traria do Orum as divindades que formariam este oráculo no Aiê, ligando assim céu e terra; e o quarto e último seria Exu, que teria como função vigiar os três anteriores para ver se estavam fazendo tudo conforme as regras de Olodumare. Este é o motivo pelo qual Exu era temido pelos outros três, assim como por todos os sacerdotes da religião tradicional iorubá, que, se fizerem algo que não esteja de acordo com as leis de Olodumare, enfrentarão as consequências de seus atos. Xangô se incorpora aos quatro dias da semana por ser o mito responsável pelo código moral do Aiê, como veremos claramente quando estudarmos Xangô.

Voltando às feiras, elas circulavam dentro de cada um dos quatro dias em uma cidade diferente, formando uma malha que levava as mercadorias do norte ao sul e do sul ao norte, pois muitas vezes os próprios vendedores também compravam outras mercadorias para vendê-las em outras cidades. Não raro, as cidades se desenvolviam ao redor das feiras, o que nos deixa bem clara a interligação do sistema de comunicação que representavam e o papel central que tinham nestas estruturas sociais.

Para melhor entender o impacto da feira na sociedade iorubá, é necessário que entendamos como ela estabelece, em sociedades de núcleos, uma real rede de comunicação, conforme nos falam Pierre Verger e Roger Bastide:

> A sociedade africana é uma sociedade fechada, composta por famílias extensas e autocentradas, vivendo em núcleos residenciais, onde se agrupam aposentos dos diversos núcleos familiares. A nucleação é tamanha que [...] as mulheres, mesmo ao se casarem, continuam muito mais ligadas à sua família de origem que à do marido. Esta característica representa, pois, uma ameaça de "atomização" da sociedade. Pois ao observarmos o que acontece em território nagô, relativamente mais urbanizado, notamos que as relações de vizinhança se estabelecem no interior da aglomeração familiar, mais intensas ao cair da tarde, quando cessam as atividades no campo ou nas fazendas [...] as confrarias que estes povos formam, por estarem ligadas no presente e muito mais no passado, às próprias famílias, uma vez que o deus em questão é um ancestral fundador da linhagem. A isto junta-se o fato [...] da urbanização ter-se dado em consequência das feiras que reuniam, no cruzamento dos caminhos, várias fazendas familiares isoladas [...] a feira representa, então a contrapartida do fechamento

da sociedade africana numa miríade de células independentes, pois permite através de suas redes entrelaçadas uma comunicação entre os grupos familiares. (VERGER; BASTIDE, 1992, p. 137)

Desta forma, como nos elucidam Verger e Bastide, a feira torna-se o lugar onde portas e janelas (de comunicação) se abrem entre os grupos, sejam eles clânicos ou interétnicos. Através das relações de interdependência que são criadas entre os diversos grupos étnicos ou clânicos na feira, que, por sua vez, ajudam a estruturar o sistema econômico e de comunicação da civilização iorubá, estes diversos clãs e etnias, que normalmente não se misturam, enxergam nesta instituição sua complementaridade, o que faz da feira o contrapeso da guerra, como nos afirmam os autores.

É interessante notar que Exu, como o mito que é do senhor do mercado e do caminho, cria a feira no imaginário dos iorubás, assumindo assim a função de contrapeso da guerra, e distancia-se, desta forma, muito das funções de demônio em que, na diáspora, a Igreja Católica o tentou e tenta transformar.

Esta feira como instituição, por outro lado, separa membros de famílias e determina relações de produção segundo gênero, ao dar mobilidade à esposa vendedora e tornar o homem produtor sedentário. Além disso, a feira tem grande importância social, pois é o lugar onde o rei torna públicas as decisões, as mães apresentam seus recém-nascidos à sociedade, onde a comunidade toma conhecimento de novidades de outras terras. A feira também é a única via de contato entre diversos grupos sociais, além de ser centro de informação e difusão de notícias e de difusão de influências culturais e da moda. Tudo isso fortalece ainda mais a instituição do mercado nagô como componente fundamental dos sistemas de comunicação e econômico da civilização iorubá tradicional e até os dias de hoje, conforme observamos na obra citada de Verger e Bastide.

Isto tem reflexos na diáspora que podem nos fazer entender as dinâmicas de nossos mercados e feiras tradicionais, sobretudo os da Bahia , Pernambuco, Maranhão e mais tarde Rio de Janeiro quando reconhecemos principalmente a importância das negras Nagôs e de Mina na origem destes nossos mercados e feiras.

Como nos resumem Verger e Bastide (1992), o mercado e a feira, para os nagôs, podem representar o jornal e as revistas, no contexto de civilizações que estão baseadas na cultura oral e que não se utilizam da escrita (como a maior parte das civilizações subsaarianas), o que dá ainda maior relevância ao papel que desempenham nos sistemas de comunicação destas civilizações. Exu, por representar o abridor de caminhos, e que desta forma estabelece contato entre os diversos grupos sociais e, consequentemente, o encontro entre estas suas células sociais, clânicas, familiares, étnicas e de confrarias religiosas, torna-se o senhor deste mercado e recebe oferendas das vendedoras antes de iniciarem suas atividades, como também nos explicam os mesmos autores.

Exu é aclamado no mercado como aquele que estabelece as comunicações que tornam possíveis as relações de comércio ou ao mesmo tempo pode deixar de estabelecê-las como nos falam os versos de oriki:

> Ele torna-se rapidamente senhor daqueles que passam pelo mercado.

> (QUANDO ESTABELECE O CONTATO QUE POSSIBILITA O COMÉRCIO E AS COMUNICAÇÕES.)

> Ele pode fazer com que não se compre nem se venda nada no mercado até à noite.

Ele torna-se rapidamente senhor daqueles que passam pelo mercado.

(Quando ele interrompe estas relações de comunicação e comércio.)

Nestes dois versos, vemos a função sociológica do mito no sentido em que o sistema de comunicação influencia o sistema econômico e terá consequências na estrutura social, pois, como vimos anteriormente, é da dinâmica do sistema de comunicação que se dá no mercado, juntamente com as relações comerciais estabelecidas entre os diversos agentes que por ali passam, que podemos verificar e entender muito da forma com que esta sociedade se estrutura em terras nagôs (e por que não também na diáspora).

Já no verso de oriki: "Sua mãe o pariu na volta do mercado", vemos a relação intrínseca que Exu tem com esta instituição nagô e como não pode de forma alguma ser dissociado da mesma.

Indo um pouco mais além da lógica linear, racional e cartesiana da cultura ocidental, se, dentro da dinâmica dos orikis, fizermos a imagem da mãe que pariu depois que voltou do mercado e a justapusermos e relacionarmos à imagem de que Exu se torna senhor daqueles que passam pelo mercado, e na sequência construirmos a imagem do mercado o dia inteiro sem movimento, temos assim, nesta sequência de imagens que se justapõem como ideogramas, uma história que traz em si um significado simbólico no imaginário iorubá, tal qual os ideogramas chineses que isoladamente têm significados em si mesmos, mas ao se unirem formam novos significados.

Outros versos de orikis que lembram a função pedagógica do mito e se relacionam ao mercado, podem ser:

Ele compra sem pagar.

(EM UMA ALUSÃO AO QUE PODE ACONTECER AOS QUE NÃO
LHE FIZEREM OFERENDAS.)

Ele vai com uma peneira comprar azeite no mercado.

(EM UMA REFERÊNCIA À SUA PRESENÇA NOS QUE PASSAM
PELO MERCADO E ÀS RELAÇÕES QUE DEVEM SER ESTABELE-
CIDAS COM ESTES.)

Homem muito pequeno que volta com eles do
mercado à noite.

(EM UMA REFERÊNCIA À DINÂMICA QUE SE DÁ, OU IDEAL-
MENTE DEVE SE DAR NO MERCADO.)

Mais uma vez, compreendemos melhor esta função através
das imagens que formamos a partir destes versos em nosso
imaginário e que, juntos, compõem um significado que nos
remete a esta função pedagógica do mito de Exu como senhor
do mercado.

Exu, o desafio à tradição e a subversão da ordem

Segundo Balandier (1975, 1982), as sociedades tradicionais
africanas são vistas por muitos antropólogos tradicionais e
deterministas como sendo sociedades que, através de sua estrutura mítica, mantêm-se em ordem, sociedades de consenso
e conformidade que não permitem o questionamento de sua
autoridade estabelecida. Reproduzem-se fielmente a cada gera-

ção, sem variações significativas em suas estruturas e, além de tudo isso, se situam fora de qualquer processo de historicidade.

Conformidade, consenso, repetição e inexistência de processos históricos são as características geralmente aceitas por muitos antropólogos tradicionais e deterministas ao se referirem às sociedades da África Subsaariana.

Não podemos questionar que, como as outras sociedades subsaarianas, na iorubá, os conceitos de senioridade e ancestralidade são centrais, porém isto não significa que estas sociedades não comportem em si processos e dinâmicas que venham a desestabilizar esta ordem e que não existam nestas sociedades conflitos de valores e agentes que as contestem.

Balandier (1975) nos fala de quatro categorias de contestadores da autoridade nas sociedades tradicionais subsaarianas, que são:

- Os rivais – que tentam transgredir as regras estabelecidas para se apoderar de um poder que lhes é recusado. Como a exemplo dos caçulas que, ao disputar por uma função ou ofício monopolizado pelos mais velhos, tornam-se transgressores em uma relação de rivalidade.

- Os produtores – que contestam e agem de forma a transgredir as regras estabelecidas quando as mesmas criam grandes desigualdades na distribuição das riquezas que ameaçam o equilíbrio social.

- Os inovadores e reformadores religiosos – que, através da tentativa de uma nova relação com o sagrado, transgridem os costumes religiosos vigentes em busca de uma transformação da sociedade.

- Os feiticeiros e feiticeiras (sobretudo) – na medida em que a feitiçaria revela-se uma forma de afrontamento social, onde ela pode ser a expressão indireta da oposição, o processo de instituição de relações que operam ao inverso das relações culturalmente prescritas. Ela reporta-se a uma ideologia que se manifesta como a contestação social e o caráter problemático da ordem estabelecida.

Isto pode nos ajudar a entender o porquê do processo de combate às feiticeiras, mesmo na África iorubá, no caso da sociedade de Iyá mi Oxorongá, e na visão dos missionários cristãos europeus na África que, ainda no início do século XXI, combatem e caçam os *fetiches* nas casas dos africanos.

Quando encontramos a relação que o mito de Exu tem com o papel de transgressor e com o fato dele estar ligado à sexualidade, entendemos melhor por que, na diáspora, ele foi relacionado erroneamente com o diabo pela Igreja Católica, que foi a mantenedora da ordem estabelecida naquele momento.

Temos que ter em conta que nenhum ritual se faz sem Exu, na religião iorubá, e as feiticeiras, em geral, para qualquer coisa recorrem a ele, o que relaciona diretamente este mito com o papel de coadjuvante na transgressão dos feiticeiros.

Ao fazermos as imagens de determinados versos de orikis de Exu, compreendemos melhor como ele desempenha este papel de transgressor em outras situações.

Ao vermos a imagem do verso: "Exu derruba sal no molho", compreendemos perfeitamente o papel deste transgressor em uma relação simbólica de rivalidade (com quem fez o molho).

No verso "Ele procura briga com alguém e encontra o que fazer", também vemos a noção de transgressão por processo de rivalidade presente no mito. Assim como pode ser uma reação de transgressores por processo dos produtores, ou mesmo atitude dos inovadores religiosos.

Já nos versos: "Se Exu quiser ele entra em um país à força" e "A discussão gera a batalha", vemos características que cabem nos quatro casos.

Quando o oriki faz a imagem: "Ele olha calmamente derramarem pimenta na vagina de sua sogra", quer nos chamar atenção para o fato de que a relação de respeito que a senioridade impõe está sendo desafiada, através de uma imagem que igualmente deve causar grande impacto no imaginário de quem ouve e recita o verso.

Já quando diz: "Ele faz com que a mulher do rei não cubra a nudez de seu corpo" e "Ele bate na mulher do rei com um porrete", traz imagens que transgridem e desafiam o poder estabelecido do rei, assim como questionam a moral da corte.

De qualquer forma, os versos que, a meu ver, melhor definem Exu como o Grande Transgressor para os iorubás são: "Ele faz o torto endireitar" e "Ele faz o direito entortar".

Recorrendo a Campbell (1972, 1991), enxergamos nestes versos todos uma função pedagógica e também sociológica se nos ativermos ao que podem significar na descrição deste procedimento de transgressão, assim como o papel social que ocupa o transgressor.

Entendemos melhor ainda a função e mesmo a autoridade deste transgressor, e seu papel direto em uma estrutura social e em todos os outros sistemas de invariantes, quando ouvimos os versos de orikis que, ao se referirem a Exu, nos falam: "Ele reforma Benim" e "Rei na terra de Queto", aludindo a dois reinos ligados diretamente aos iorubás.

Isso nos mostra que, ao mesmo tempo em que este transgressor faz o "torto endireitar" quando "reforma Benim", pode fazer o "direito entortar" quando for "Rei na Terra de Queto", o que nos remete aos papéis transformadores que tanto os administradores quanto os reformistas e transgressores podem desempenhar na estrutura social, e todas as outras invariantes, segundo este mito.

ANTROPOLOGIA DOS ORIXÁS

Depoimento: Como Exu transformou minha mãe em protestante como minha avó, e por que nunca abandonou meu pai

Gostaria de aproveitar esta parte do texto para fazer um depoimento. Creio que seja importante na medida em que, normalmente, pela maioria de nossas fontes serem europeias, estudamos a África e os africanos, assim como seus mitos, como se fossem um objeto de estudo de uma cultura exótica que não nos diz respeito. Esquecemos que podem estar presentes em nossa constituição de alguma forma, e por isso faço este depoimento. Eu me inspiro nas narrativas que temos nos Odus de Ifá, nos Itã Ifá que tratam de histórias de mitos, deuses e ancestrais. Falo de histórias de meus ancestrais e sua relação com este mito, e, sempre que puder e tiver algo a dizer ao final de um texto, assim o farei.

Gostaria de falar de minha avó materna, que nasceu no sul de Minas Gerais, negra e filha de um homem negro, que era neta de uma ex-escrava e filha de uma mulher de pele clara descendente de cristãos-novos e negros. Poderia tentar explicar a religiosidade de minha avó por alguma teoria de Max Weber, e que sua família teria se tornado protestante por razões que a teoria econômica de formação de uma America Latina capitalista explica. Mas como quero recriar um Itã Ifá, tenho que dizer que não foi outro senão Exu quem os fez assim, pois ser protestante em Minas Gerais naquela época em que todos eram católicos, era ser um transgressor. Meu bisavô negro dizia que não tinha nada demais em comer carne na sexta-feira santa, e que o que importava era a relação direta com aquele que os criara, e não as fórmulas e costumes sociais. Desta forma, passou para minha avó uma relação com o sagrado diferente

74

do senso comum de onde vivia. Minha bisavó chegava a se esconder dentro de casa quando os que tinham fome vinham lhe roubar as galinhas no seu quintal, para que estes não se envergonhassem do que estavam fazendo, ao vê-la, como ela mesma disse ao ser questionada pelos vizinhos que não a entendiam. Exu fez de minha bisavó uma transgressora, pois havia fugido com um homem negro que era filho de uma ex-escrava de seu pai, que fora criado com ela como irmão de criação e a roubou, fugindo para outra cidade para trabalhar como funcionário da estrada de ferro e assim percorrer os caminhos de Exu (assim como fala um verso de seu oriki). Com esses pais que, ao serem protestantes, eram tão legitimamente protestantes no espírito das leis que Lutero fixou nos muros, ao contestar os abusos da ordem vigente que criou uma inquisição e esqueceu-se do próprio código moral, posso afirmar que Exu também o quis fazer contestar para fazer o "torto endireitar". Minha avó casou-se com um homem católico e teve duas filhas, uma como sua mãe, de pele branca, que é minha mãe, e outra de pele negra, que é minha tia. Exu fez minha mãe abraçar a bandeira de Aruanda junto com meu pai, que foi também levado por Ogum para a Umbanda. Minha avó, como legítima protestante, por graça de Exu e de seus ancestrais africanos, ficou muito feliz ao saber que sua filha, através de seus guias, aconselhava e curava feridas graves dos que não conseguiam orientação e cura na sociedade formal. Ela, que viu meu bisavô ser morto em emboscada por não aceitar passivamente regras e costumes sociais que para ele não eram relevantes, não podia ver na religião que herdou de meus bisavós motivos para segregar, discriminar, deixar de se informar, ter qualquer forma de preconceito, ou fazer o mal em nome do bem e da ignorância ou de uma culpa que não era de seu povo. Ela ficou muito feliz, pois, como seus pais que abraçaram uma religião em nome da transformação

ANTROPOLOGIA DOS ORIXÁS

da sociedade, sua filha fazia magias com o mesmo propósito e em uma época em que a sociedade em nossa nação era algo muito distante do que queriam os guias da Nação de Aruanda. Acho que ela lembrou também de seus ancestrais maternos, cristãos-novos, que, ao chegarem em Minas tinham que ler a Torá judaica em segredo, assim como dizem na cidade de Oxum que Odudua fazia em Meca. Por isso, estes ancestrais também vinham à Terra fazer suas curas e dar seus conselhos, como os deuses vinham e ainda vêm nos visitar com a graça de Exu. Já eu quis seguir a bandeira de muitas tradições em nome de Oxum, Ifá e Olodumare, pois era filho dos que seguiam a bandeira de Aruanda e, quando quis dedicar a seiva da minha vida e meus atos como uma oferenda para minha mãe Oxum, fui traído por sacerdotes da religião dos Eguns que esqueceram que o caráter (*iwá*) é mais do que dinheiro (*owó*) na religião e no código moral de nossos ancestrais nagôs. Algo que muitos sacerdotes ainda esquecem ou nem sabem. Por isso Exu levou minha mãe à religião de seus ancestrais protestantes, fazendo o direito entortar para que prevalecesse iwá (o caráter). Quando ela viu que, na religião de seus ancestrais, seus próprios princípios mais sagrados eram corrompidos e owó (dinheiro) também era mais importante que iwá (caráter), e que para isso usavam a culpa que sua mãe nunca aceitou em nome de nenhuma interpretação do que lhe era sagrado, desde que seus ancestrais da África em nome desta culpa foram privados da liberdade, ela a abandonou com a graça de Exu, em nome do culto aos nossos ancestrais do Oriente. Enquanto aqui iwá (caráter) for maior que owó (dinheiro), Exu a manterá aí, como boa filha de Xangô e Iansã que ela é e sempre será. De qualquer forma, ela ficou muito feliz quando meu irmão mais velho resolveu abraçar a bandeira de Aruanda, que ela ainda ama e respeita em nome de Exu e Ogum. Por isso, guardou e colocou na porta (que Exu vigia) os dizeres bíblicos de seus ancestrais protestantes que ouço na voz de Exu: "Bendito serás quando entrares e quando saíres", pois de pé na entrada está Exu, e atrás da dobradiça da porta está Exu ostentando estes dizeres. Assim como meu pai, que mesmo quando quebrou em revolta, na beira do mar e entregou a sua mãe Iemanjá todas as suas estátuas de Exu, na mesma desilusão que teve Abraão quando quebrou seus ídolos, ele afastou com esta sua revolta todas as formas dos orixás de seu caminho, menos Exu, que o seguiu em seus caminhos até o final da vida neste Aiê. Hoje está muito feliz no Orum porque meu irmão mais velho resolveu seguir o chamado de Ogum e abraçar a bandeira de Aruanda para aprender a curar feridas no corpo e na alma, assim como ele e minha mãe faziam quando nascemos.Tudo isso com a graça de Exu, pois, como diz seu oriki, "Ele atirou uma pedra ontem para atingir o pássaro hoje". E é com a graça do Senhor do Caminho que continuo, por isso, no caminho de vários caminhos que o Aiê me fez aprendiz em nome de Ifá, Oxum e Olodumare, através de todas as linhagens de meus ancestrais.

Laroye

O mito de Ogum na civilização iorubá a partir de seus orikis

Ogun ye remo

Conforme já falamos no texto sobre Exu, quando Olorum quis criar a humanidade, criou primeiramente quatro divindades e a primeira delas foi Ogum. Ele teria a função de ensinar aos homens a caça e as artes da forja e da guerra, assim como tudo o que fosse relativo à sua sobrevivência no Aiê.

Balandier (1975) se refere a Gu, o deus da guerra dos fon, igualmente como um civilizador.

É interessante observar que, ao contrário da maioria das bases mitológicas ocidentais, Ogum como deus da guerra, entre os iorubás, também assume papel de civilizador, o que evidencia claramente que a forma de lidar e os conflitos com outras etnias e clãs também faz, para os iorubás, parte do processo de civilização de forma muito intensa. Contudo, como poderemos observar através de seus orikis, além da guerra, Ogum também é importante em outros processos que constituem a civilização iorubá.

Tecnologia, morte, guerra, ordem, sobrevivência e criação de ofícios, virilidade e sexualidade masculina são domínios relativos a Ogum na civilização iorubá, que observamos em seus orikis e que trataremos individualmente.

Ogum e a morte

Não raro, nos orikis de Ogum, vemos em seus delírios sanguinários sua relação com a morte e compreendemos melhor, quando vemos Odu Oyeku Meji, por que existe esta relação. Transcrevo abaixo lenda referente a isso do Odu Oyeku Meji:

Oyeku Meji revelou como Orunmilá ensinou à humanidade como proteger-se de morte prematura. Quando o homem foi criado, a morte considerou a nova criatura como prato favorito para seu alimento. Então, foi a morte a única divindade feliz quando Deus criou o homem. Enquanto as outras divindades consideravam os homens seres inferiores criados para servir, a morte os considerava como provisão de alimentos. Não obstante, esperou que o homem se multiplicasse para dirigir-se às suas casas e utilizá-los, caprichosamente, como alimento. Faltavam os meios de defesa, e o homem resignou-se ao ataque incessante da morte. Os homens não tinham a quem apelar, pois a lógica era que, da mesma forma que eles acreditavam que os animais inferiores eram feitos para o alimento dos homens, a morte considerava os homens como sua carne de alimento. Ao compreendermos a filosofia da existência das plantas e dos animais, que foram criados para servir a um propósito no sistema planetário, não devemos nos incomodar indevidamente com a inevitabilidade da morte. Como nos foram dadas as plantas e os animais inferiores para satisfazer nossos hábitos e desejos favoritos, assim também estamos à mercê dos deuses mais poderosos. Após ter desempenhado seu papel na terra que inclui servir os deuses (daí podendo explicar o papel simbólico de sermos alimento dos deuses). Deus nos deu o intelecto para nos defendermos, para que nos defendamos da melhor forma possível, seja apaziguando, seja lutando.

Porém, a morte continuava concentrando o seu olhar sobre a carne humana, até que o homem consultou Orunmilá, que fez adivinhação de como impedir a ameaça da morte. Ele disse que não havia sacrifício que pudesse desviar a atenção da morte sobre o homem. Sua carne era a única coisa que podia saciar seu divino e voraz apetite. Todos os outros, ratos, peixes, aves, caprinos, carneiros e vacas, eram os alimentos preferidos dos sacerdotes dos deuses. O homem lhe perguntou se havia alguma coisa que poderia impedir de se alimentar com seus alimentos preferidos. No entanto, ele disse que a melhor maneira de se protegerem de uma divindade era fazer sacrifício com algo que ela proíbia.

Orunmilá, em sua função de Eleri Igpin (testemunha da criação de Deus), é o único que sabe o que cada uma das divindades proíbe. Então aconselhou aos homens que preparassem purê de inhame ou inhame pilado e adicionar pequenos seixos. Também aconselhou a colocar um frango vivo na casa de Exu e não matá-lo. Quando a morte se aproximasse de onde estavam os homens, Orunmilá os aconselhou a comer o inhame esmagado, no qual eles colocaram as pedrinhas. Eles também deveriam amarrar o frango na entrada da casa de Exu e não matá-lo.

Quando a morte se aproximou de onde se encontravam os homens para lançar mais um de seus ataques encontrou as pedrinhas que estavam em suas refeições. Provando das cabaças o que os homens estavam comendo e não podendo mastigar, pensou que aqueles que comiam coisas tão duras deviam ser criaturas aterradoras, capazes de lutar quando provocadas. Embora meditasse sobre o próximo passo que daria, a morte, ao ver o frango vivo na frente da casa de Exu, o animal bradou seu grito (*uku yee!*). Ao ouvir o grito do frango, a morte fugiu, pois era proibida de escutar o grito do frango.

A morte, em seguida, deixou os homens em paz e eles agradeceram a Orunmilá por ter-lhes mostrado seu segredo. Foi a partir desta data que a morte descobriu outras formas de atingir os homens. Desde então, a morte não pode mais matar o homem diretamente, porque passou a ter medo. Passou a apoiar-se em seus irmãos mais agressivos, como Ogum, divindade do ferro que mata por acidentes mortais (e pela guerra), Xangô (deus do trovão), que mata por fogo e relâmpago, Obaluaê que mata por epidemias como varíola e todo tipo de doenças, a divindade da noite que mata através de feitiço, etc. Quando estas deidades se mostram lentas na busca de alimentos, o rei da morte utiliza doença, sua esposa, para encontrar comida para sua família. Isto aconteceu após o homem descobrir o segredo de como assustar até mesmo a morte de quem era presa. Por isso quando aparece Oyeku Meji na divinação para a pessoa, podemos dizer que a morte a persegue, mas deve fazer um sacrifício para Exu com purê de inhame misturando sal e azeite de dendê carregados com seixos, e um frango vivo deve ser preso ao santuário de Exu para assustar a morte. (TRATADO, 2001)

Conforme podemos perceber claramente no odu acima, a relação que os iorubás têm com a morte é como algo inexorável. Destaco que o fato de ela deixar de atacar diretamente os homens para passar a agir através dos orixás (Ogum, Xangô e Obaluaê) só pode se relacionar com a forma de evitá-la ou adiá-la, a partir do conhecimento dos domínios do mito em questão, como sugere o odu. Da mesma forma que, no caso de Ogum, o acidente ou a guerra podem matar, o conhecimento dos segredos do mito de Ogum e até mesmo a forma de evocá-lo podem, no imaginário dos iorubás, evitar que a morte lhes venha pelas mãos de Ogum (acidentes ou guerras).

Vemos claramente a forma como esta morte pode agir nos versos de oriki:

> Ele mata o marido no fogo,
> Ele mata a mulher no lar,
> Ele mata as pessoas que fogem para fora.

Vale a pena lembrar mais uma vez aqui que o oriki é antes de tudo uma justaposição de imagens que tem o objetivo de evocar o espírito de seu objeto. Por isso, as imagens relativas à morte nos orikis de Ogum devem ser fortes e causar antes de tudo impacto nos que pronunciam os versos, justificando os delírios sanguinários do Senhor da Guerra quando vemos os versos de oriki.

> Senhor de Irê, bebe sangue,
> Tendo água em casa ele se lava com sangue.
> Trazendo água ele mata sete pessoas.

O oriki assume sua função civilizatória mais evidentemente quando nos avisa de perigos relacionados à morte e Ogum, como no caso:

> Ogum faz a criança matar-se com o ferro [com que ela brinca].

Ou então:

> Ogum é o orixá que mata as pessoas, aquele que ofende o caçador, ofende Ogum.

> (O QUE ELEVA O VALOR DO OFÍCIO DOS CAÇADORES ENTRE OS DEMAIS OFÍCIOS ENTRE OS IORUBÁS.)

ANTROPOLOGIA DOS ORIXÁS

Outro fator a se ressaltar no que se refere à morte e Ogum é que ela é inexorável para todos os homens independente de sua posição na sociedade, como nos fala o odu, e vemos isto claramente nos versos de oriki:

Ele mata à esquerda e destrói à esquerda,
Ele mata à direita e destrói à direita,
Ogum não poupa ninguém,
Ele mata sem falar com ninguém,
Ele mata o ladrão e mata o dono da coisa roubada,
Ele mata o dono da coisa roubada e mata quem criticou esta ação,
Ele mata sem razão na cidade.

Outros versos que nos mostram claramente a questão civilizatória na relação com a morte, ocorrem quando o oriki de Ogum nos fala, por exemplo de códigos de sepultamento e condena a venda de corpos para o uso em feitiçaria, quando fala:

Ele mata sem vender o corpo de quem quer que seja.

Ou quando fala dos códigos de tratar os corpos em situação de guerra:

Ele mata sem levar o corpo [para vender].
Um morto balança a cabeça no ombro de quem o carrega.

Este último verso reforça a necessidade de não abandonar corpos em campos de batalha, construindo uma imagem forte que, no imaginário deste povo, terá muito mais efeito do que uma sentença, e que, por ser imagem, sugere por si mesma o que deve ser feito com os corpos dos mortos.

Contudo, a relação de Ogum com a morte não é somente nesta questão. Ogum também pode salvar da morte, justamente por estar intimamente ligado a ela. Vemos isto claramente nos versos:

> Ogum salva aqueles que estão na iminência
> de morrer.
> Se Ogum curou as pessoas, elas não morrem.

Antes de concluir a questão que relaciona Ogum e a morte, vou mais além, e posso mesmo afirmar que todas estas imagens, quando a relacionamos com o trecho do Odu Oyeku Meji que nos fala da inteligência que nos é dada para evitar a morte, servem para que este povo possa estabelecer, através de Ogum, o papel que o próprio medo da morte (inexorável) deve desempenhar para que se evite a mesma.

Ogum, funcionando como a figura daquele que pode matar a quem quer que seja, faz com que, ao ser invocado, possa até mesmo evitar esta morte prematura. Isto se torna muito importante em uma sociedade onde aquele que morre antes dos pais (abiku) é considerado até mesmo como um transgressor moral e da ordem natural e cosmológica.

Esta função de criador do medo da morte (que pode até mesmo fazer com que os homens evitem ou pensem antes de travar guerras e disputas) é necessária para que mortes prematuras sejam evitadas. Isto é bem evidente no verso de oriki:

> Ele mata para meter medo no homem.

> (AQUI SUA FUNÇÃO NO IMAGINÁRIO COLETIVO FICA BEM CLARA.)

ANTROPOLOGIA DOS ORIXÁS

Para concluir com o papel inexorável da morte como consequência da necessidade de renovação da sociedade (que Ogum também representa), e que em um povo tradicional como o iorubá, no contexto das sociedades subsaarianas, torna-se inevitável no processo natural de sucessão das linhagens, podemos compreender o que representa o verso de oriki:

Ele mata para que o alaxé [dono do axé] diga: Assim seja [axé].

Portanto, a morte, (sobretudo não prematura) é um processo natural na transformação das sociedades iorubás. Ogum é apenas um dos mitos que regulam a relação dos homens com esta morte e, consequentemente, os processos de transformação que um mito civilizador pode desempenhar neste contexto. O que nos remete diretamente à estrutura social das linhagens. A morte que Ogum faz com que aceitemos não é senão a passagem que permite que os anciãos se transformem em antepassados, portanto, sendo assim um processo natural que regula as relações e a estrutura social, o que não quer dizer que seja por isso desejada, sobretudo de forma prematura. Percebemos isto justamente pelo duplo papel que assume, tanto como o que redime as pessoas com a morte, como o que pode representar a proteção contra a morte prematura.

Ogum, a sobrevivência, os ofícios e a civilização

Como o mito criado para ensinar aos homens como viver na terra, e assim assumir a função de civilizador, não é outro senão Ogum que é o responsável pelos ofícios básicos entre os iorubás, assim como está ligado ao conceito de sobrevivência e, dessa forma, delineia certos aspectos centrais dentro da civilização iorubá.

É muito clara sua ligação com o instinto de sobrevivência quando ouvimos e fazemos as imagens dos seguintes versos de oriki:

> Ele cultiva a roça que seu dono não cultiva,
> Ele diz à pessoa doente que se ela morrer tomarão sua roça.
> Ogum, senhor do mundo, apoio do recém nascido.
> Não aceito que Ogum venha em vão.
> Ogum, graças a você podemos vender os produtos da roça e da caça.
> Ogum é toda folha,
> Ogum é toda raiz.

Nestes dois últimos versos, temos uma alusão às funções centrais das folhas e raízes desde os períodos predominantes de caça e coleta, nas civilizações subsaarianas, nas quais o mito de Ogum se apresenta como civilizador e o instinto de sobrevivência, mostrando aqui a função pedagógica do mito.

Já nos versos a seguir, temos uma clara identificação do mito com o senso de autopreservação, de funções vitais que se relacionam diretamente com a sobrevivência, e mostram igualmente sua função pedagógica.

> Ogum não me fira no pé,
> Ogum, não me fira na mão.
> Ogum, não feche os caminhos para mim.
> Ogum, não me dê mau sono.
> Ogum, não seque minha mão.

(QUE EU POSSA TRABALHAR E NÃO SEJA POBRE)

Não é agradável ter sua casa queimada.
O caminho do campo é perigoso.
Se adoramos o orixá,
Sempre teremos dinheiro,
Sempre teremos filhos.

(O QUE É ESSENCIAL EM UMA SOCIEDADE QUE SE REPRODUZ
ATRAVÉS DE LINHAGENS)

Nossos filhinhos não irão morrer.
Nós ficaremos em pé para o orixá.
Se virmos Ogum, o que lhe pediremos?
Nós lhe pediremos tudo.
Não sabemos arrancar o olho a menos que ele
seja inutilizado.

Ainda ligado à sobrevivência e a um código de comportamento ligado a ela, o mito assume, através de provérbios, sua função pedagógica mais claramente, como no caso dos versos de oriki:

Não enganem um ao outro como o astucioso.
Não sabemos o que o dia de amanhã nos reserva.
Ignoramos o que acontecerá amanhã.
Não sabemos se Ogum nos aceitará.

Já se relacionando aos ofícios, Ogum está claramente ligado às suas criações. Sobretudo aos ofícios básicos que formam a sociedade iorubá inicialmente e àqueles que se relacionam com a evolução tecnológica e o sistema tecnológico, mostrando claramente sua função sociológica.

Vemos nos versos de oriki abaixo exemplos, como:

Ogum abra-me caminho para ir à roça,
O ferreiro se beneficiará mais no mercado do que aquele que trabalha na roça.
Ogum, ferreiro do céu.
Ogum é a enxada que abre a terra.
O general não fica no mato.
È no mato que Ogum permanece.

Nestes exemplos vemos, inclusive, que se delineiam diferentes graus de importância e até mesmo uma hierarquia entre os ofícios de agricultor, ferreiro e comandante de armas. Simbolizam também a passagem do período de caça e coleta para o de agricultura e também, posteriormente, o período no qual se inicia a vida urbana (quando se referem ao ferreiro no mercado, que é o espaço a partir do qual as aglomerações urbanas se consolidaram entre os iorubás). Vemos assim os três períodos e sua evolução, assim como os primeiros ofícios, surgirem a partir do mito de Ogum, o que consolida sua função sociológica quando legitima a criação de corpos sociais de ferreiros, caçadores, agricultores, chefes de armas na civilização iorubá. Sua função pedagógica é igualmente consolidada dentro destes corpos sociais quando lhes sugere comportamentos e delimita seu espaço, pelo que vemos nos versos de oriki anteriores.

Outros pontos importantes ligados à civilização iorubá em si mesma podem ser percebidos nos seguintes versos de oriki:

Segredo que faz o país.

ANTROPOLOGIA DOS ORIXÁS

Que alude à própria origem do ancestral mítico que detém o segredo que forma a nação iorubá, que se encontra com os ancestrais.

Ogum, dono da casa do dinheiro.

Verso que fala da organização monetária do país em questão, e mostra que não foi com a chegada de europeus que se iniciou esta organização.

Ogum circuncida o menino e excisa a menina.
Ogum dono do homem, dono da mulher.

Versos que aludem aos ritos de passagem tanto para homens quanto para mulheres, os quais, por dependerem de objetos cortantes, são de domínio de Ogum, o que o liga simbolicamente com sua função na estrutura social e nas relações de gênero nas diversas situações em que se fazem importantes para os iorubás.

Leopardo que vende um saco de ráfia, que o compra e que ajusta seu preço.

Ainda se relacionando com a função de regulador e civilizador, em menor grau mostra como estas funções têm seus aspectos no comércio.

Ele nos pôs no mundo.
Orixá onilé [senhor da terra] que possui a terra, inclino-me.
Ele pode abençoar alguém.
Não matamos a cabra para comer,

> Não matamos o carneiro para comê-lo.
> Cinzas dos mortos venham comer massa de inhame.

Relacionando-se com a lenda da criação que torna Ogum o civilizador, o que é reafirmado na titulação de Ogum como orixá onilé (que estudaremos mais atentamente nos orixás ligados à terra), que é o senhor da terra em contraposição ao senhor do Orum (Olorum) e é um culto anterior à chegada do ancestral mítico dos iorubás (Odudua). Dessa forma, o mito se relaciona com as origens do culto de Onilé que define, por sua vez e entre outras coisas, a noção de pertencimento a uma terra e como devem se dar as relações com esta terra, a partir do culto dos mitos onilé.

Ogum, a virilidade e a sexualidade masculina

Temos exemplos em versos de oriki que fariam delirar tanto Freud quanto outros nomes da psicanálise e psicologia quanto ao conceito de virilidade de Ogum, por sua forma direta e sem rodeios.

> Ele olha fixamente o pênis das pessoas.
> Ele penetra com profundidade, toca a base de seu pênis, talvez esteja inativo.
> Ele constata que seu pênis não está inativo com exceção dos testículos que se esvaziam.
> Ogum é viril.

Dessa forma, vemos nesta virilidade de Ogum, ao fazermos as imagens, os elementos que justificam, no imaginário dos iorubás, na presença fálica deste mito, a figura do mantenedor da ordem, como normalmente são vistos os mitos ligados à

ANTROPOLOGIA DOS ORIXÁS

sexualidade masculina, em contraposição ao que predomina nos mitos femininos, segundo nos fala Balandier (1975).

Três versos de oriki que o relacionam claramente com esta manutenção da ordem são:

> Ele faz coisas más na casa do criminoso.
> Ele esfrega o rosto do criminoso na terra.
> Se a criancinha não pedir licença na escuridão,
> quebrará os dentes da frente.

Versos que também resgatam a questão do medo que este mito impõe, sobretudo aos transgressores da ordem.

Ogum e a tecnologia

Ogum representa, além dos ofícios, a tecnologia que possibilita a manutenção e a evolução destes ofícios. E como tecnologia, representa primeiramente as estradas e o senhor destas estradas.

É clara esta relação no verso de oriki:

> Ogum é o pai do transeunte.

Se fizermos a imagem, como devemos nos portar em relação a esse gênero da oralidade iorubá, isso se evidencia ainda mais.

Tanto no sistema tecnológico dos iorubás quanto no das outras sociedades subsaarianas, a tecnologia evolui e faz evoluir a sociedade, e esta evolução tecnológica também está presente no mito de Ogum. Observemos isto nos seguintes versos de oriki:

> A enxada é filha de Ogum.
> O machado é filho de Ogum.

> O fuzil é filho de Ogum.
> O fuzil tendo sido gerado por último, torna-se rei
> como o leopardo.
> Ogum, três ferros têm títulos na forja:
> O ferro da enxada, o ferro do machado, o ferro
> do fuzil.

Coloca-se aqui o ferreiro como um dos responsáveis pelo progresso tecnológico, o qual deve sua legitimação de papel social ao mito de Ogum. Vemos claramente a evolução da tecnologia e da função do ferreiro, desde a forja da enxada até a do fuzil, o que evidencia Ogum como o mito que produz esta evolução.

Da mesma forma que as inovações tecnológicas são partes da evolução da sociedade, os ofícios que recorrem aos ferreiros (no caso dos iorubás) também o são e têm grande importância neste processo como um todo. Podemos perceber como isto funciona claramente no imaginário dos iorubás, e como o mito de Ogum se relaciona com isto, quando concretizamos os versos de oriki:

> Ogum dos barbeiros, come pelo das pessoas,
> Ogum dos tatuadores, bebe sangue,
> Ogum dos açougueiros, come carne.

Todos os três ofícios utilizam-se de objetos de metal, o que os relaciona diretamente com o mito de Ogum e, por sua vez, com a utilização dos progressos tecnológicos ligados a este mito.

A tecnologia, assim como o mito de Ogum, encontra-se em diversos espaços, o que percebemos claramente nos versos de oriki:

Ogum está na casa,
Ogum está no campo,
Ogum está na alfândega.

Ogum e a guerra

Como deus da guerra, Ogum traça em seus orikis um código de conduta que pode ser percebido nos seguintes versos:

A espada não conhece o pescoço do ferreiro.

Mostrando que os ferreiros, por serem produtores de armas, não devem ser guerreiros, por uma questão estratégica. Este código de conduta também é percebido nos versos:

Chefe do ferro, homem ferreiro.
Ogum combate com força.
A diversão de Ogum é a batalha e a briga.
Ogum mete muito medo no dia em que se encoleriza e que combate.

Conclusão

Morte, guerra, civilização e sobrevivência, ofícios, virilidade, tecnologia, ordem, todas estas coisas se interligam neste mito. A morte como consequência natural que mantém a ordem das linhagens e ancestralidade; a civilização, a sobrevivência e os ofícios legitimados pelo mito da criação que levam e conduzem a tecnologia que, em uma lógica positivista que ainda temos, pode ter relação com a guerra, por ser a guerra uma das responsáveis pelo desenvolvimento tecnológico da humanidade; a virilidade como legitimadora da manutenção da ordem, que detém em si mesma o elemento que transforma e reestrutura a sociedade através da guerra.

Se virmos desta forma somente, e não considerarmos o mito anterior de Exu como complementar neste processo de transformação, podemos estar sujeitos a uma visão parcial e a uma versão única de uma civilização.

Percebemos que estas coisas que, em Ogum, estão ligadas, levam a um processo de transformação, mas que, pelo fato de o mito de Ogum estar ligado à morte e à guerra, levam inevitavelmente à autodestruição, ou ao menos a processos de renovação através da destruição parcial da sociedade. Claramente entendemos isto quando relacionamos o Ogum da tecnologia com o da guerra e da ordem (elementos pelos quais também tentamos entender a relação na evolução de nossas sociedades ocidentais).

Quando relacionamos esta lógica de transformação com a lógica de transformação que vemos nos processos de transgressão de Exu, vemos que há outras lógicas de transformação da sociedade. Isto se evidencia ainda mais quando analisamos o fato de Exu ao mesmo tempo ser o transgressor e o senhor do mercado, que é o espaço onde se encontram os clãs e etnias e no qual podem se estabelecer relações que se contrapõem à lógica da guerra.

Quando Balandier (1975) nos fala dos quatro tipos de transgressores das sociedades subsaarianas, que vemos serem legitimados nos mitos de Exu, vemos que estes processos de transformação social, através da transgressão, são uma alternativa ao que os processos de civilização representados por Ogum (e que não estão longe de nossas sociedades ocidentais) propõem e que têm como consequência natural a destruição em algum grau.

O que os iorubás nos sugerem e propõem é que haja um equilíbrio entre as duas propostas. Assim, ordem e transgressão têm que ter seus espaços neste processo evolutivo social e, dessa forma, se equilibrar ou se alternar, para que possa assim haver tanto evolução quanto preservação e combate aos processos de autodestruição que podem comprometer a sobrevivência e a continuidade do desenvolvimento real da sociedade em questão.

Somente esta alternância pode garantir uma evolução de forma sustentável, pois evita que façamos guerras ou violências em nome do que consideramos ser o bem, sem perder o ímpeto transformador que nos conduz à evolução de nossas sociedades.

Ogun ye remo

O mito de Oxóssi na civilização iorubá a partir de seus orikis

Os orixás na África e na diáspora

Antes de introduzir os comentários sobre alguns versos de orikis de Oxóssi, é importante ressaltar que o panteão dos orixás, tal qual o conhecemos, é algo muito mais da diáspora do que da tradição puramente africana. Normalmente, na região iorubá, tradicionalmente são cultuados os orixás relacionados com o herói mítico da cidade, ou a divindade da cidade e os que a ela de alguma forma se relacionam, o que dá em torno de uma média de seis ou sete orixás mais presentemente marcados em cada cidade.

Outro fator que não podemos esquecer é que muitas divindades que desempenhavam papéis similares nas diferentes cidades iorubás, mahis, daomeanas, jejes, tapas, baribás, acabaram se fundindo em um só mito na diáspora, já que na própria África trocavam características. Aqui geralmente prevalece a divindade tal qual os iorubás denominavam, mas isso não quer dizer que não há influência de outras divindades de povos vizinhos aos iorubás na construção desses mitos que temos como sendo totalmente iorubás na diáspora. O próprio caráter de aculturação, muito forte em tradições subsaarianas, beneficia este fenômeno, no caso, na região de toda a chamada costa da Guiné, que é nosso foco em se tratando dos iorubás. Veremos isso mais acuradamente ao tratarmos de outros mitos, assim como vimos rapidamente no capítulo "O que são orikis", no trecho que trata de orikis de orixás.

Isso tudo é para dizer que o mito que conhecemos como Oxóssi na diáspora tem elementos de mitos como o daomeano de Agé (senhor da caça) e o de Erinlé (deus da caça da região iorubá). Oxóssi é conhecido como sendo um rei mítico de Queto (*Ketu*), que comentarei mais quando for falar de seu papel na história deste reino iorubá, quando supostamente desempenhou as funções de Alaketu (senhor de Ketu). Essa função o torna muito importante no que conhecemos na diáspora como a nação do Queto; pois nações, como conhecemos, se referem ao candomblé, que por sua própria natureza é uma religião nascida na diáspora e não é uma cópia fiel do que chamamos de *ilé òrìsà* da África iorubá, ou mesmo do culto dos voduns do Daomé, onde não existem nações, nem deram necessariamente origem direta às nações do candomblé da diáspora, como nos evidencia Salami (1993) em suas aulas.

Contudo também há hoje uma via de mão dupla entre as tradições da América e da África, e, muito graças à função de Oxóssi na diáspora, ele se torna conhecido e ganha força de culto em cidades africanas iorubás onde normalmente, não fosse por isso, não deveria ser cultuado ou lembrado. Graças a seu papel na diáspora, ele é lembrado em cidades e regiões que têm seus mitos da caça, como evidenciam meus correspondentes africanos que me fornecem material de pesquisa, ao se referirem a Oxóssi; isso mostra que este processo de aculturação ocorre também, embora de modo não tão intenso, e em mão dupla, sobretudo por se tratarem de pessoas de outras cidades iorubás, distantes da influência cultural do Queto.

Oxóssi, rei do Queto e Senhor dos Caçadores

Duas pequenas lendas, que extraio da memorável coletânea de Reginaldo Prandi, *Mitologia dos orixás*, sintetizam bem este papel.

A primeira trata de um aspecto importante sobretudo na diáspora, onde Oxóssi é caçador, e nos dá conta de como o mito de Ogum (responsável pela sobrevivência e, na maioria das cidades iorubás, senhor da caça, por ter ensinado ao homem como caçar) transfere este papel para seu irmão Oxóssi.

Oxóssi aprende com Ogum a arte da caça

Oxóssi é irmão de Ogum. [...]
Num dia em que voltava da batalha, Ogum encontrou
o irmão [...] cercado de inimigos que já haviam
destruído quase toda a aldeia
[...] Ogum [...] ficou irado e [...] partiu na direção
dos inimigos.
[...] Quando por fim venceu os invasores, [...] Ogum
então ensinou Oxóssi a caçar, a abrir caminhos pela
floresta e matas cerradas.
[...] Ogum ensinou Oxóssi a defender-se [...] e [...] a
cuidar de sua gente.
[...] Ogum fez de Oxóssi o provedor.
[...] Ogum é o grande guerreiro. Oxóssi é o
grande caçador.

(PRANDI, 2001, p. 112-113)

Esta lenda explica assim a atribuição do papel de caçador
a Oxóssi, sobretudo na diáspora, onde convive com o mito de
Ogum (que, na maior parte das cidades africanas iorubás, é
também o caçador, além do guerreiro).

Outra lenda importante a se citar, dentro da coletânea de
Prandi, é a que atribui a Orunmilá a coroação de Oxóssi como
Alaketu, e que, provavelmente, pelo simples fato de citar Orunmilá, deve ter origem na versão de algum *ese Ifá*, ou Itã Ifá, de
algum dos 256 odus do *corpus* dos odus de Ifá.

Oxóssi ganha de Orunmilá a cidade de Queto

Certo dia, Orunmilá precisava de um pássaro [...]
Ogum e Oxóssi saíram em busca da ave [...] nada
encontrando por dias seguidos.

ANTROPOLOGIA DOS ORIXÁS

> Uma manhã, [...] Oxóssi deparou com a ave e [...] só lhe restava uma única flecha.
> Mirou com precisão e a atingiu.
> [...] Orunmilá [...] ofereceu-lhe a cidade do Queto para governar [...] fazendo dele o orixá da caça e das florestas.

(PRANDI, 2001, p. 116)

Relembrando as funções do mito segundo Campbell (1991) e relacionando com o papel de Oxóssi tanto na diáspora quanto na região onde seu mito tem maior influência na África, vemos que a função mística talvez tenha suas particularidades em cada um dos casos, mas se aproximam de alguma forma. A função cosmológica que tem na diáspora, algumas vezes, é a que Ogum tem na maior parte do mundo iorubá onde Oxóssi não é conhecido popularmente, o que lhe atribui papel único e de maior importância na diáspora no contexto do panteão de mitos que nossas senzalas criaram, a partir dos mitos fundadores de cidades de onde vinham os africanos da costa da Guiné na época colonial.

Apesar disso, sua função sociológica, na África, sobretudo no contexto do Queto e região, é muito mais importante do que na diáspora, pois seu culto como divindade da cidade delineava toda uma estrutura de corpo social que o relaciona com o poder do Alaketu. Isso não necessariamente ocorre na diáspora com a mesma intensidade, se restringirmos o seu papel sociológico à criação do corpo social de sacerdotes da nação de candomblé de queto, o que não se aproxima nem de longe do significado da consolidação de poder e tradição de um reino africano como o Queto, apesar da influência que esta estrutura da realeza sagrada africana possa ter trazido à estrutura do corpo social de sacerdotes da nação do candomblé que conhecemos na diáspora. Esse é um motivo pelo qual devemos nos ater a seus orikis para entendê-lo melhor neste contexto sociológico na África, e não nos contentarmos com suas lendas para decodificação deste mito. Outro fator que torna necessária a interpretação de seus orikis é este mito em sua função pedagógica, pois na diáspora temos o desenvolvimento deste mito em uma realidade urbana muito diferente da africana. Esta realidade africana faz com que a função pedagógica do mito de Oxóssi tenha funções marcadamente mais pragmáticas e menos simbólicas na África e o inverso disso na diáspora.

Orikis de Oxóssi, os códigos de caça e a importância das linhagens para os caçadores

Para entender melhor os códigos dos caçadores, devemos nos aproximar dos gêneros literários iorubás do ijalá e iremojé que são, respectivamente, os cantos e poemas de glória e lamento dos caçadores. São grandes poemas épicos que tratam de todos os aspectos das vidas destas personagens fundamentais no contexto da sociedade iorubá, onde em muitos reinos, não raro, desempenham também um papel político importante nos conselhos. Este papel torna ainda mais importante e relevante o estudo dos iremojé e ijalá.

Talvez justamente pela riqueza simbólica abundante dos iremojé e ijalá, os orikis de Oxóssi não sejam assim tão extensos, mas, pelo contrário, condensem em seus versos uma série de significados que possam vir a serem aplicados em diversas situações, mas que sobretudo tangem aos significados que se relacionam com as funções sociológicas e pedagógicas do mito, deixando subentendidas, ou menos evidentes, as suas funções místicas e cosmológicas.

ANTROPOLOGIA DOS ORIXÁS

Uma das características dos caçadores é sua força, outra é sua coragem, sobretudo se lembrarmos da origem comum dos mitos de caçador e guerreiro, anteriormente projetada em Ogum. Quando escutamos o verso de oriki de Oxóssi: "Olhar uma infelicidade não estraga o olho", entendemos melhor a sugestão de coragem para enfrentar situações difíceis que está presente no código dos caçadores, que sem dúvida tem suas origens nos códigos dos guerreiros. Vemos nestes versos a função pedagógica do mito fortemente presente, ainda mais se não nos distanciarmos do fato de que o oriki delineia imagens a serem feitas.

Contudo, os caçadores, apesar de se aproximarem dos guerreiros em seu código de coragem, têm características diferentes, e seu tipo físico ideal pode ser diferente do destes guerreiros. Agilidade para um caçador é mais importante que a força física no contexto do ofício a desempenhar. Quando ouvimos o verso de oriki de Oxóssi: "Ele não é vigoroso, mas é inteligente", em uma referência ao próprio Oxóssi, podemos entender melhor este ideal físico e mental do caçador comparando ao que temos em relação ao guerreiro. Aqui de novo a função pedagógica ganha espaço através de uma simples descrição.

Outro verso de oriki de Oxóssi que, além da função pedagógica, também sugere uma função sociológica através de uma observação sobre determinado comportamento social, é: "Ele não quer saber que o chefe mandou fazer um trabalho comum na casa quando ele pega sua enxada para ir à roça. Se alguém trabalhar perto dele na roça encontrará o que comer". Ao construirmos as imagens deste verso, temos claramente a função do jogo de ordem e transgressão da ordem presente nos mitos dos orixás Alaketu (Exu e Oxóssi). No caso, temos o triunfo da ordem sobre a subversão da mesma, por estarmos falando de Oxóssi, que representa a ordem neste contexto dos orixás

Alaketu (assim como seu próprio instrumento, que é o arco, representa simbolicamente, por apontar a direção a seguir, em contraste ao porrete de Exu, que destrói o que se estabeleceu).

Nestes versos temos, simbolicamente, que o objetivo comum de um grupo (de agricultores e caçadores, no caso) deve ser adotado por cada um como um objetivo individual, pois somente se o objetivo comum for tomado com a devida importância por cada um dos integrantes, o grupo encontrará sucesso em sua empreitada. Estes versos constroem a imagem do homem que toma este objetivo coletivo como um objetivo individual que se relaciona com a própria sobrevivência. Isto nos faz entender mais sobre a função pedagógica que este mito assume entre esse povo através da construção deste código de caçadores (e agricultores, em outra fase consequentemente posterior ao período de caça e coleta, na qual esse mito também se enquadra no código de sobrevivência). Podemos assim verificar o quão importante é esse mito neste código que ao mesmo tempo legitima a importância da criação de um corpo social (de caçadores) e delineia comportamentos aceitáveis para o trabalho em grupo (em sua função pedagógica) e o sentido de ordem que esse orixá Alaketu traz em seu significado.

Outros versos de orikis de Oxóssi, que nos remetem a seu sentido pragmático relacionado à sobrevivência e evidenciam o aspecto pedagógico do mito, são: "O proprietário da casa conhece o lugar onde a superfície da terra é seca" e também "A erva é boa no lugar alto". O proprietário da casa se refere diretamente a Oxóssi como orixá onilé (que veremos mais à frente em detalhes quando formos estudar Obaluaê), e que dá o sentido ao que firma suas bases em um local que será sua morada e cria o próprio sentido de pátria. Isso mostra a necessidade de se conhecer o local em que se irá viver e saber o quanto seguro ele é, como também, na práxis deste povo, saber onde é "boa a erva" pode representar evitar se envenenar ou não (assim como, na práxis dos esquimós, saber a diferença dos diversos tipos de neve que se expressam com nomes diferentes pode significar viver ou morrer). Ambos os casos mostram, em situações pragmáticas, que as imagens dos versos de oriki formam o mito em sua função pedagógica. Aqui encontramos também o sistema, uma semente do sistema de racionalidade deste povo.

Para prosseguir dentro das diversas funções que formam a grande função civilizatória de um mito de orixá, vemos no verso de oriki de Oxóssi: "Quando alguém não tem família, ninguém chora sua morte", a importância das linhagens nos códigos de caçadores, o que, não somente para os iorubás, mas também para a maioria das civilizações subsaarianas, assume grande importância. Aqui a função sociológica está presente de forma muito intensa, pois sugere a própria constituição de uma célula social (como a família) como ritualisticamente fundamental no momento da morte. Isso simboliza em si a necessidade de dar continuidade à sociedade através da formação da família, a importância de fazer parte de uma linhagem em um contexto social (como na maior parte das sociedades subsaarianas). Em outra dimensão, alude à própria sobrevivência das sociedades a partir das linhagens que as formam, e pelas quais se organizam. Demonstra que, fora desta estrutura de linhagens, não há a tradição que mantenha vivo o espírito daquela coletividade, e não há espaço para que se desenvolva um corpo social que possa ser desvinculado desta estrutura. Isso, em última instância, pode ajudar a explicar muito da estrutura social e inclusive a escravidão doméstica em determinadas sociedades subsaarianas (o que será tema mais detalhadamente discutido em outro momento, e presente em outros textos de mitos de orixás). Neste aspecto, o mito vai além das estruturas sociais dos períodos de caça/coleta e agrícola, e se aplica também ao contexto da urbanização, que manteve sua estrutura igualmente nas linhagens que se estruturavam nestes períodos anteriores, nos quais este mito tem suas funções mais claramente marcadas. Para concluir, vemos no verso de oriki de Oxóssi: "O alforje está ao nosso lado como um amigo sincero", algo que também está muito presente nos ijalá e iremojé, que relacionam diretamente o mito de Oxóssi com o ofício de caçador, e não deixa dúvidas desta sua relação com seu código, conforme visto, como sendo um dos códigos que, no imaginário coletivo deste povo, em seus aspectos místicos, cosmológicos, sociológicos e pedagógicos, constituem sua função civilizatória que o relaciona diretamente com a sobrevivência.

Oke Oke Oxóssi

O mito de Logum Edé na civilização iorubá a partir de seus orikis

Logum Edé, filho de Oxum e Oxóssi

É importante ressaltar novamente neste texto que Logum Edé é uma das variações de mitos de caçadores. Por isso é ligado diretamente à noção de sobrevivência do povo iorubá, assim como Ogum e Oxóssi. Este mito irradia para o restante das terras iorubás e para a diáspora a partir da região de Ilexá (*Ilésà*), onde Pierre Verger (1981, 1999) coletou os orikis referentes a ele. Também na cidade de Uidá encontramos orikis para Logum Edé, contudo aqui são vinculados de alguma forma aos orikis de Oxum. Segundo sobretudo as lendas da diáspora e também os odus de Ifá da África, Logum Edé é filho de Oxum e Oxóssi (ou Odé, e algumas vezes também de Erinlé) e detém em si os aspectos femininos de Oxum e masculinos de Oxóssi, o que introduz em nossos textos a figura do mito andrógino que explicarei detalhadamente mais adiante.

Ossaim, Logum Edé e Oxumarê são três mitos andróginos dentro do panteão iorubá (sobretudo na diáspora) que nos remetem, antes de tudo, à importância mítica do duplo nas relações de poder onde estão presentes estes mitos em terras iorubás. Como acabo de dizer, tratarei em detalhes da questão do mito andrógino entre as sociedades subsaarianas a partir do exemplo dos iorubás, em um próximo texto no qual possa explanar com mais riqueza de detalhes estas relações.

Peço para que nos atenhamos, por enquanto, no fato de que este mito representa em si, por ser andrógino, o equilíbrio de um poder baseado no duplo e em elementos múltiplos no imaginário coletivo dos povos onde ele se estabeleceu como presente. Todos os orixás duplos ou andróginos têm em si esta função de trazer o equilíbrio entre poderes no que se refere à sua função sociológica, e por que não também pedagógica.

Uma de suas lendas, extraída da coletânea de Reginaldo Prandi, *Mitologia dos orixás*, nos demonstra bem esta sua característica de equilíbrio.

Logum Edé nasce de Oxum e Erinlé (Oxóssi)

[...] Oxum Ipondá conheceu o caçador Erinlé e por ele se apaixonou [...] mas Erinlé não quis saber de Oxum.
[...] um babalaô [...] disse que Erinlé só se sentia atraído pelas mulheres da floresta [...].
Oxum [...] embebeu seu corpo em mel e rolou pelo chão da mata. [...] Erinlé se apaixonou por ela [...]
Um dia, [...] Ipondá convidou Erinlé para um banho no rio. [...] as águas lavaram o mel [...] e as folhas do disfarce se desprenderam. Erinlé [...] abandonou Oxum [...]
Oxum [...] deu à luz Logum Edé [que] é metade Oxum, [...] metade Erinlé [...]
[...] ele habita num tempo o rio e noutro tempo habita o mato.
Com o ofá, arco e flecha que herdou do pai, ele caça.
No abebé, o espelho que recebeu da mãe, ele se mira.

(PRANDI, 2001, p. 136-137)

Como vemos, o mito de Logum Edé, por se tratar de metade caçador e metade filho do rio, pode criar vínculos e aproximação, por exemplo, entre o corpo social dos caçadores e sacerdotes dos mitos da caça, e o corpo social de mulheres líderes do mercado (ialodês) e sacerdotisas de mitos dos rios como Oxum, o que ratifica a teoria do mito andrógino (ou dual) que equilibra simbolicamente as relações de poder dentro do contexto da harmonização do duplo ou múltiplo que é uma constante em diversas sociedades subsaarianas. Dessa forma, esse mito, a partir de sua função sociológica que pode relacionar as sociedades de caçadores com as das senhoras do mercado, pode ter grande influência no sistema econômico das cidades iorubás onde se estabeleceu ou para onde irradiou sua influência.

Orikis de Logum Edé, o código de honra dos caçadores e a fertilidade

Para entendermos melhor como o mito de Logun Edé se insere no imaginário iorubá, é necessário que adentremos na análise de alguns versos de seus orikis africanos, pois somente a recitação das lendas que chegaram à nossa diáspora não dão conta disso, pelas mesmas razões que tratamos no mito de Oxóssi, que, por estar vinculado à caça e posteriormente à agricultura na África, se insere muito mais em contextos de comunidades rurais ligadas à caça, coleta e agricultura do que em sociedades urbanas. Contudo, no aspecto em que Logum Edé se relaciona com as sociedades de caçadores na África e que não existiram na diáspora, não teremos fidelidade à sua plena decodificação se nos ativermos somente às lendas que chegaram à diáspora, onde a realidade do culto dos orixás está muito mais próxima de uma realidade urbana.

De qualquer forma, no que se relaciona com Oxum e as mulheres do mercado, como também ao aspecto de sobrevivência presente em Oxóssi, que são elementos que têm sua extensão na realidade urbana, podemos nos aproximar da compreensão do significado deste mito sob estes aspectos dentro desta realidade especifica. Neste aspecto, o mito africano se aproxima de sua função na diáspora.

Iniciando por seu aspecto de guardião do código de honra dos caçadores, podemos entender melhor esta função quando fazemos as imagens do verso de oriki de Logum Edé: "Um orgulhoso fica descontente quando o outro está contente", o que alude a um código moral que tem seus reflexos também nos iremojé e ijalá dos caçadores quando se referem à popular figura do orgulhoso. Além do alerta para a questão moral do orgulho no sentido negativo, que pode vir a criar conflitos em um corpo social como o dos caçadores, este verso de oriki também se relaciona com os objetivos comuns dos caçadores (e agricultores) em uma empreitada igualmente em comum ligada à sua sobrevivência coletiva, e se aproxima a versos que analisamos no oriki de Oxóssi que também alude a comportamentos ideais quando existem objetivos comuns em sociedades como a de caçadores (que por sua vez pode ter uma lógica muito diferente da dos profissionais do mercado ou outros ofícios).

Já no verso de oriki de Logum Edé: "Ele destrói a casa de um outro e depois cobre sua casa com aquela que destruiu", temos referência a processos de ocupação de terras e propriedades (abandonadas pelas migrações ou não) e, consequentemente, referência a prováveis conflitos nestas ocupações que grupos de agricultores ou caçadores podem ocasionar, o que justifica a alusão ao grupo que anteriormente vivia na região, que terá em suas casas antigas a "cobertura de casas novas". Contudo, indo mais além deste significado, este fenômeno aparece muito frequentemente em diversos mitos de orixás de diversas formas. Ao estudarmos a realeza sagrada em determinados reinos iorubás, vemos que os povos invasores se unem aos povos autóctones e se harmonizam a eles. Ao estudar a história de Queto, vemos a recepção do povo kpanko ao povo iorubá dando-lhes o seu primeiro fogo, o que significa a atribuição dos primeiros meios de sobrevivência para adaptação a novas terras e a integração entre autóctones e invasores. Ao estudar o mito de Xangô e o reino de Oyó, entenderemos isto mais claramente e teremos mais elementos para nos aprofundar.

De qualquer forma, a imagem que se constrói neste verso de oriki de Logum Edé alude à aceitação de elementos dos povos autóctones pelos invasores e a integração simbólica dos dois pelo fato de "destruir a casa do outro e cobrir a sua casa com a que destruiu". Isto se afirma ainda mais se nos aproximarmos do sentido em que a palavra *casa* foi traduzida, que em iorubá é *onilé*, que em um significado mais profundo remete a terra (casa) de nascimento e ao próprio sentido de pátria para os povos iorubás. Isso evidencia ainda mais o fato deste mito andrógino ter a função de equilibrar o poder duplo (no caso, entre a pátria do autóctone e a pátria do invasor). Entendemos melhor isso como um processo comum a diversos povos subsaarianos, e não somente aos iorubás, se estudamos, mesmo dentro dos iorubás, as sociedades de resistência formadas pelos povos autóctones e a sua relação com as sociedades de invasores, e a partir disso poderemos entender muito de nós mesmos na diáspora em nossos processos de aculturação (que será tema mais profundamente discutido dentro do mito de Xangô).

No verso de oriki de Logum Edé: "Ele dá rapidamente um filho à mulher estéril", entendemos primeiramente sua relação com a fertilidade, que é um domínio de sua mãe Oxum, e secundariamente o que pode representar uma mulher estéril em uma sociedade que se baseia nas linhagens e na célula familiar. Isso se torna ainda mais importante se compararmos com o que vimos em versos do oriki de Oxóssi, e vemos em diversos outros orixás que nos evidenciam que é pequeno o espaço para a sobrevivência social fora do contexto das linhagens (o que é comum a diversas sociedades subsaarianas). Isso nos faz pensar que, da mesma forma que aquele que não tem pais ou família está fadado ao fracasso social nesta estrutura, aquele que não dá prosseguimento à linhagem também estará, por não ter quem lhe proveja quando for um ancião e não puder produzir de forma suficiente e, além de tudo isso, quebrando o ciclo de continuidade dos clãs que formam a comunidade. A partir daí entendemos em profundidade o que, para esta sociedade, assim como para a maioria das outras sociedades subsaarianas, pode representar a mulher estéril e a infertilidade em geral.

Da mesma forma, ao construirmos as imagens do verso de oriki: "Ele expulsa os males do corpo daqueles que os têm", vemos que, para esta sociedade e no código de caçadores e agricultores (e também, por que não, na vida urbana), a impossibilidade de produzir deve ser combatida, pois também afeta a estrutura social e econômica, e justamente um mito ligado à sobrevivência terá funções de criar todo um corpo social de sacerdotes portadores de uma medicina tradicional. Isto não somente nas sociedades subsaarianas, é claro, e se torna mais evidente para nós porque aqui, neste ocidente da sociedade de consumo, também nossos males do corpo afetam a nossa estrutura social e econômica.

Neste mesmo sentido, e para concluir, compreendemos, através do verso de oriki de Logum Edé: "O preguiçoso está contente entre os transeuntes", que, primeiramente, o preguiçoso é um transgressor moral (como vemos em outras situações nos orikis de Oxum e Oxóssi). Como vimos na seção "O que são orikis?", o preguiçoso é um transgressor moral, pois, na lógica da produção presente nas sociedades iorubás (e de outros povos subsaarianos) de caça e coleta e agrícolas, que baseiam sua organização social no sistema de linhagens e clãs, e onde as pessoas em idade adulta têm que produzir para seus descendentes, para si mesmos e ascendentes, o preguiçoso não tem um espaço de convivência a não ser como um transgressor moral. Comentei, inclusive, que isto teve seus efeitos na diáspora, pois os senhores de escravos costumavam preferir etnias de escravos que, além de deter técnicas de produção e ofícios que lhes interessassem, evidenciassem mais em sua cultura que eram trabalhadores e que o preguiçoso era um transgressor moral (o que uns povos evidenciam mais e outros menos, mas que ocorre na maioria dos povos subsaarianos que têm suas raízes nas sociedades de caça e coleta, passando pela agricultura e pastoreio e depois se urbanizando). Isso, repito aqui mais uma vez, ajuda a desmistificar a visão preconceituosa que fazemos de nós mesmos, de que somos um povo indolente porque temos na história de nossos processos produtivos a origem do trabalho dos escravos e principalmente por descendermos deles.

Contudo, se nos centrarmos na questão do oriki, podemos entender por que somente "entre os transeuntes" o preguiçoso pode estar contente. Transeuntes subentendem um meio urbano e, consequentemente, o único no qual o preguiçoso poderia ser supostamente tolerado, por esta aglomeração urbana lhe conferir algum anonimato. Já no mundo dos coletores, caçadores e agricultores, este anonimato não é possível, o que evidencia ainda mais o papel desta figura como transgressor moral. De qualquer forma, o oriki assume, nesta frase, uma importante função sociológica, ao colocar em contraste, nos meios urbanos e rurais, o papel deste personagem que é o preguiçoso. A partir disso, podemos perceber melhor a relevância com que são vistos aqueles que se recusam a produzir nos respectivos sistemas econômicos dos ambientes rurais e urbanos iorubás, assim como podemos observar que existem diferenças entre estes sistemas em cada um dos ambientes. Ao nos indicar a observação deste personagem no meio urbano também como um transgressor moral, o oriki assume igualmente sua função pedagógica.

Iya Osun wa nife wa Baba Logum Edé

O mito de Oxumarê na civilização iorubá a partir de seus orikis

Introdução

Conforme já citamos ao falar do mito de Oxóssi, muitas vezes diversos mitos, de diversas cidades, de diversos povos e tradições diferentes, se unem para, na diáspora, dar origem a um só mito. Oxumarê é um desses mitos. Originalmente, o mito de Oxumarê, para os iorubás, era uma adaptação de diversos mitos das tradições fon e jeje, e mais propriamente mahi, da serpente Dã.

Este mito foi trazido para terras iorubás do leste, assim como os mitos de Obaluaê e Nanã, tal qual conhecemos. No imaginário comum da diáspora, Oxumarê é tido como o ser andrógino por excelência, e trataremos do assunto com mais atenção no decorrer deste texto para expressar como essa relação de androginia vem significar uma das expressões do duplo nas relações de poder na África Subsaariana.

Para introduzir este mito, cito uma lenda conhecida em muitos Candomblés de Salvador e que apresenta bem como os mitos do Daomé se integraram ao panteão nagô e conversam de maneira estreita entre si na diáspora.

Nanã Burukụ era a esposa de Obatalá e, ao engravidar, foi consultar Ifá para saber qual seria o destino de seu filho. Ifá lhe revelou que o filho que Nanã trazia no ventre seria tão belo quanto o Sol e teria o poder do Sol (que somente seu pai Obatalá tinha entre os orixás). Baseada nisso, Nanã acreditou que, com o poder do filho que carregava no ventre, poderia depor Obatalá do trono e governar através do poder de seu filho. Ao descobrir os planos de Nanã, Obatalá a desterrou grávida para o pântano dos mangues; disse que aí seria seu domínio, e nessa podridão encontraria seu reino. Nanã, contudo estava esperançosa de que seu filho, ao ser tão poderoso como o Sol, pudesse lhe trazer de volta o poder. Deveria se chamar Obaluaê (Senhor da Terra).

Ao nascer, a criança veio toda coberta de pústulas de varíola e revoltada. Nanã a abandonou à beira do mar para que servisse de comida aos caranguejos. Quando os caranguejos se aproximaram do menino pelo cheiro de suas pústulas, a criança chorou. Iemanjá ouviu seu choro em seu domínio (o mar), veio em socorro dele e o salvou da morte. Iemanjá, que, com o desterro de Nanã, tornou-se a primeira esposa de Obatalá, criou o menino e lhe ensinou que sua mãe deveria ser perdoada.

Do outro lado, Nanã, pelo fato de ter abandonado o filho e descrer das palavras de Ifá, foi castigada pelo destino. Ifá lhe prenunciou que teria outro filho. Este novo filho seria a criatura mais bela já vista e, ao mesmo tempo, a mais temida quando se aproximasse de sua mãe Nanã. Este seria seu castigo por ter duvidado de Ifá. Nasceu então Oxumarê, que era ao mesmo tempo arco-íris em seu aspecto masculino e uma cobra em seu aspecto feminino (que era o único aspecto no qual Oxumarê poderia se aproximar de sua mãe Nanã). Nanã sentia grande tristeza ao ver o arco-íris e não poder tocá-lo, e porque, sempre que se aproximava dele, ele desaparecia e restava somente a cobra na expressão de seu filho Oxumarê.

Mas Nanã percebeu que, no lodo e na lama, tudo renasce e se regenera, pois, quando batia o sol no mangue, formavam-se arco-íris pequenos que eram a expressão de seu filho mais belo e promoviam a regeneração da vida que ali se produzia. Ela compreendeu então o segredo de seus domínios (o pântano) e a regeneração que ele promovia; resolveu então se regenerar e pedir perdão a seu filho Obaluaê por tê-lo abandonado, desistindo de vez de obter o poder de Obatalá; e foi procurar Iemanjá. Iemanjá preparou Obaluaê para ver sua mãe. Ele, já adulto, cobria o rosto e o corpo com palhas para que não vissem seu corpo coberto de pústulas e não o rejeitassem como sua mãe o rejeitou. Ao ver Nanã, Obaluaê resistiu, mas, a pedido de Iemanjá abraçou sua mãe Nanã, a perdoou e pediu que ela nunca mais o abandonasse. Neste momento a profecia de Ifá se fez verdadeira e todas as chagas de Obaluaê se transformaram em luzes tão fortes como a do sol, que fizeram com que continuasse a cobrir seu corpo, pois aquela luz era capaz de curar as mais terríveis doenças ou mesmo conduzir ao mundo dos mortos aqueles que deveriam para ele prosseguir. Obaluaê ganhou então, com sua mãe Nanã, o reino dos mortos, passou a agir com sua luz para curar ou redimir os homens de suas dores, e tornou-se o senhor da terra. Oxumarê também perdoou sua mãe e passou a representar aquele que tem o caminho entre este e o outro mundo (Orum e Aiê) nas expressões da cobra e do arco-íris.

Conforme podemos notar, Oxumarê, nesta lenda da diáspora, também tem o papel de promover o equilíbrio entre poderes através de seu caráter duplo, o que é uma influência indubitável do papel de Dã no Daomé.

Além disso, percebemos na lenda a socialização e integração dos deuses iorubás de cidades diferentes, assim como outros originalmente do Daomé, como se fizessem parte de um só panteão. Nisso vemos uma característica muito presente na diáspora e que pode nos contar muito da história de como as tradições na diáspora se reconstruíram nos espaços das senzalas.

Oxumarê, Dã, a serpente arco-íris, o ser andrógino e o duplo

Como nos diz Balandier:

> As mitologias africanas [...] atribuem um lugar privilegiado às relações homem/mulher [...] A relação aparece em três ocasiões [...] Nos relatos que nos contam a criação, em que figura como relação primordial [...] Nos modelos de interpretação que nos revelam [...] simbolismo sexualizado a fim de explicar a ordem do mundo [...] No reconhecimento do caráter problemático de toda formação social onde a relação aparece, [...] como fundadora de ordem, [...] fecundidade e [...] desordem ou de morte. (BALANDIER, 1975, p. 17)

Dessa forma, podemos perceber que muitas vezes, como reprodução destas relações, se estabelecem relações de poder. Balandier nos explica melhor sobre o fato, falando justamente do papel de Dã entre os fon do Daomé no contexto da criação mítica do universo para este povo:

> Seus relatos míticos [...] apresentam uma série de criações sucessivas [...] Na sua origem se encontra a divindade andrógina, que dispõe de proeminência sobre todas as figuras do panteão [...] Chama-se Naná Buluku e simboliza o princípio absoluto. [...] criadora dos materiais a partir dos quais o "mundo" se vai construindo e ordenando. Este última tarefa pertence ao casal Mawu-Lisa, demiurgo de quem Naná foi o criador [...] A genealogia dos deuses corresponde à das diversas criações, e à do domínio sobre as forças pelas quais a ordem do universo se mantém.

Mawu é a fêmea, Lisa o macho; [...] são apresentados como gêmeos, às vezes como uma pessoa de duas faces e capaz de autofecundar-se. [...] é sempre sua união – ou unidade – o que constitui a "base" de toda organização no universo e na sociedade. [...] Mawu e Lisa exprimem esta união [...] se apresentam associados a duas séries de atributos e símbolos "contrários" e por isso mesmo unidos [...] A associação dual se apresenta, ao mesmo tempo, sob seus aspectos positivos (a complementaridade organizadora) e negativos (a diferença geradora de conflitos). Sua intervenção é necessária mas insuficiente.

O par Mawu-Lisa [...] não pode por si só acabar a criação [...] Outra figura mítica é adicionada com essa finalidade: Dã, que é tanto força quanto pessoa e capaz de múltiplas manifestações. [...] se identifica com a ordem do ser vivente, dos agentes de prosperidade e da continuidade [...] administra o movimento no sentido da ordem primordial [...] Dã se apresenta sobretudo na forma de divindade andrógina [...], dizem que ele é "dois em um". (BALANDIER, 1975, p. 22-23)

No panteão iorubá que conhecemos na diáspora, há basicamente três divindades andróginas principais, que são Oxumarê, Logum Edé (conforme vimos no capítulo anterior) e Ossaim.

Como nos sugere Balandier, este ser andrógino, representado por Dã, vem legitimar e contribuir com a ordem final das coisas e do universo, tendo o mito, neste contexto, sua função cosmológica que ajuda a explicar o universo e sua formação. Segundo nos sugere este autor, na maior parte das sociedades subsaarianas, a figura do feminino e das divindades femininas, como Mawu, está relacionada à desordem e ao caos. Já a figura

ANTROPOLOGIA DOS ORIXÁS

masculina e das divindades masculinas, como Lisa e Ogum, está relacionada à ordem.

Em nosso mundo judaico-cristão ocidental e também no islâmico, em nosso imaginário formado a partir destas civilizações, a ordem se estabelece a partir do masculino, o criador é um deus homem que, assim como nas sociedades subsaarianas, assume no masculino o papel da ordem, e no feminino, o papel da desordem e do caos. Podemos tentar achar isso no Ocidente se nos ativermos ao que foram as feiticeiras na Europa na Idade Média; e se analisamos miticamente os papéis de Lilith e Eva nas civilizações onde aparecem na Antiguidade, entendemos isto melhor. É comum para nós, em nossa sociedade ocidental, que aceitemos em nosso imaginário que este masculino, que é a ordem, reprima a desordem do feminino e estabeleça a ordem do universo, o que pode nos esclarecer das visões sexistas que temos em nossas estruturas sociais. Não que na África Subsaariana seja diferente, segundo nos fala Balandier (1975).

Na lógica dos fon do Daomé e de grande parte das sociedades subsaarianas, este ser andrógino, no caso na figura de Dã, aparece como o regulador da ordem, pois, como concluímos ao ler Balandier e Verger, o princípio do masculino (ordem) não conhece a essência do feminino (desordem) e não pode assim estabelecer a harmonia nem no contexto cosmológico, nem no sociológico (cosmos e sociedade). Esta harmonia só pode ser estabelecida por um ser que tenha em si os dois elementos, pois ordem e desordem (transgressão) fazem parte do papel civilizatório dos mitos.

Entendemos melhor, quando recorremos aos papéis de Ogum e Exu conforme vimos anteriormente, que ordem e transgressão se equilibram e se alternam no processo civilizatório. Da mesma forma que o duplo se equilibra entre ordem e transgressão, é necessário que masculino e feminino se equilibrem, e só quem tem em si os dois princípios pode promover este equilíbrio.

Acredito que este mito andrógino pode nos ajudar a explicar por que na diáspora, no candomblé, o homossexual não é visto como um transgressor moral, contrariamente ao que pregam diversas outras religiões ainda em pleno século XXI. Essas religiões são as mais influentes no delineamento dos princípios morais das sociedades que dominam. Isto é reforçado, no caso da sociedade cristã moderna, pelos estereótipos que criou, nos quais as tradições africanas e seus reflexos na diáspora são atrasados e, por isso, devem ser combatidos. Na África, a influência das igrejas cristãs e do islã fazem com que hoje, na região iorubá, não possamos mais afirmar que os homossexuais não sejam transgressores morais, como o que acontece com o candomblé na diáspora. Entendemos melhor fatos como este se não perdemos de vista que, na diáspora, as tradições subsaarianas, como as iorubás, eram e ainda são consideradas, em nossa educação, mais como fatores de resistência da cultura de povos específicos do que elementos constituintes das tradições culturais vigentes em nossos países.

Em síntese, Dã ou Oxumarê é aquele que promove o equilíbrio entre as forças e os poderes que regem o cosmos e justificam o mito em sua ordem cosmológica. Também cria um corpo social na África, que o alia ao equilíbrio entre poderes de sacerdotes e reis, de sociedades femininas e masculinas, e tem um papel civilizador.

Em Logum Edé vemos o papel da androginia ligado à sua função sociológica de equilibrar o corpo social das mulheres comerciantes com o dos caçadores. Em Ossaim vemos o das feiticeiras com o do culto aos ancestrais (pois todos utilizam os preceitos das folhas, onde Ossaim está presente). Em Oxumarê vemos muito mais um poder masculino que justifica a sua função cosmológica através do arco-íris, que o relaciona com a transcendência e ao poder do Orum (que cria um corpo social de administradores ligados à realeza), em contraste com seu poder feminino da serpente (que morde o rabo e dá o movimento do universo) e que o relaciona com o movimento social das coisas do Aiê (que por sua vez legitima o corpo social de organizações ligadas a ofícios e ordens de administração popular). O mito de Xangô em Oyó tem um papel similar e que influenciou a maior parte dos outros reinos iorubás, e explicaremos melhor o duplo ao analisarmos este mito, que, apesar de não ser sexualmente andrógino como Oxumarê, também "Trança os cabelos como uma moça", como diz seu oriki, em uma alusão aos elementos do poder feminino que o regulador da sociedade (como também é Xangô em Oyó) tem que ter em si para poder ser efetivamente este mito regulador da sociedade.

Segundo nos cita Verger, a partir de um texto de Bernard Maupoil,

> A opinião vulgar afirma que Dan Ayidokwedo ou Dan Bada Hwedo (Oshumale, em nagô) veicula entre o céu e a Terra os projéteis de Hevioso, denominam-na comumente serpente (dan) ou fetiche arco-íris. [...] Enxergam nele o deus da prosperidade: é o ouro [...] No plano material, seu papel no mundo consiste em garantir a regularidade das forças produtoras de movimento. Preside a todos os deslocamentos da matéria, mas não se identifica obrigatoriamente com o que é móvel. Se se diz que Dan habita o oceano, é por que ele representa, para o homem o máximo de poder em um movimento ininterrupto. A vida é um desses movimentos misteriosos, o movimento por excelência, que Dan tem por missão sustentar. (VERGER, 1999, p. 234)

Ainda segundo Verger, falando sobre Dan,

Paul Mercier apresenta-o como a força vital sem a qual Mawu e Lisa não poderiam ter realizado sua tarefa. Dan Ayido Hwedo, enrolando-se em torno da terra em formação, possibilitou que ela se juntasse. Ayido Hwedo tem um duplo aspecto, masculino e feminino, e é concebido como gêmeos. Todos os demais Dan são descendentes deles. No entanto, mais que um par, é uno e possui dupla natureza. Quando aparece sob a forma de arco-íris, "o macho é a parte vermelha, a fêmea, a parte azul". Juntos sustentam o mundo, enrolados em espiral em torno da terra, que preservam da desintegração [...] Se enfraquecessem seria o fim do mundo [...] Em sua tarefa de preservar o mundo, Dan é o servidor Universal. Por si próprio nada faz, mas sem ele nada pode ser feito. (VERGER, 1999, p. 234-235)

Em ambos os casos, vemos a função cosmológica do mito fortalecendo o equilíbrio entre os duplos poderes que se estabelecem entre os diversos corpos sociais que formam a civilização iorubá e que somente o ser andrógino, ou igualmente duplo, pode estabelecer. Isto mostra bastante da dinâmica com que se estabelecem estes corpos que recebem sugestões destes mitos duplos e de que temos exemplos bem claros em sociedades que se equilibram no poder como o Oyomesi (conselho do Estado) e Ogboni (irmandade político-religiosa) em Oyó.

Orikis de Oxumarê

Reforçando o que vimos no que se refere à criação do mundo e à função cosmológica do mito de Oxumarê, temos um claro exemplo quando fazemos a imagem de "Oxumarê permanece no céu que ele atravessa com o braço" e "Ele faz a chuva cair na terra", que são versos de seus orikis.

Esta função de mantenedor da vida na terra vemos claramente no verso de oriki: "O pai vem à praça para que cresçamos e tenhamos longa vida". Na função pedagógica, vemos claramente a observação "O fogo não faz a criança calar-se" em um dos seus versos.

Contudo, voltando ao item anterior, creio que este mito, no mínimo, nos faz refletir se a visão de nossa sociedade de consumo, herdeira da civilização judaico-cristã ocidental na qual um dos elementos, para controlar o outro, o reprime, não está se desequilibrando cada vez mais neste processo. Nossos ancestrais que cultuavam na África Oxumarê, que temos na diáspora, talvez tenham muito a nos dizer sobre nós mesmos a partir da visão que insistimos em chamar de visão da alteridade.

Aro Boboi baba Osumaré

O mito de Obaluaê na civilização iorubá a partir de seus orikis

Origens de Obaluaê

Segundo nos falam Verger (1999) e a tradição iorubá, na África encontramos diversos mitos similares que, na diáspora, se transformaram na dualidade Omolu/Obaluaê. Sakpata (que foi um rei mítico conhecido em diversas regiões das terras iorubás e do Daomé), Soppona, Ayinon, Sapata, Omolu, Molu, Obaluaê são nomes conhecidos tanto em terras iorubás quanto no Daomé, que designam o senhor da terra ou a divindade da varíola. De qualquer forma, os mitos de Obaluaê (que literalmente quer dizer "rei desta terra") trazem para as cidades onde é cultuado um importante código moral. Verger nos narra um encontro onde Sakpata lhe endereça uma cantiga, segundo ele, cheia de ironia:

> Os olhos menores não temem os olhos maiores. Um dia o governo recrutou todos os feiticeiros e os puseram em um trem. O trem fazia zigi, zigi, zigi, partiu em direção a Cotonou. Lá chegaram na manhã do dia seguinte. O céu estava povoado por aviões e fomos encontrar vários europeus. Acreditamos que o governo iria nos dizer palavras importantes, mas em vão. Os brancos sentiram prazer em nos olhar e nos fotografar. Ainda hoje vemos um europeu entre nós. Quando se vem a um país, é preciso saber falar sua língua. Isso ele não sabe fazer, mas ele é curioso de ver. (VERGER, 1999, p. 247)

Vemos aqui um curioso encontro entre Verger e Sakpata, que não deixa de ser influenciado por um código moral. Nas cantigas *nukoromehan* de Sakpata no Benim (VERGER, 1999, p. 246), satíricas ou que dão conselhos sob uma forma sentenciosa, vemos mais claramente isso:

Se você é rico não deve rir dos pobres, pois as pessoas pequenas tornam se grandes.
Quando se vem ao mundo, não temos mulher, automóvel ou bicicleta. Você não trouxe nada para esta vida e assim ninguém conhece o futuro.
Se o trem descarrilar, as bagagens não serão salvas.
Todo mundo vai dizer que canto contra o povo do país. Venho, no entanto para dar-lhes conselhos.
Mulher que não fica em casa e corre atrás de um homem, em seguida mais uma infelicidade.
Não se deve correr assim, pegam-se doenças.
É preciso ficar em casa.
Se você se encontrar com aquele que vem de longe, é preciso aceitá-lo como amigo.
Se você se encontrar com alguém de sua casa ou de seu bairro, desconfie dele.
Pois o ratinho que está em sua casa come seus panos, sua comida e lhe faz o mal; mas o rato da floresta nada lhe faz. Ele não tem necessidade de você.

Em primeiro lugar, percebemos claramente que o mito aqui exerce, através destas cantigas, sua função pedagógica e delineia comportamentos sociais, o que pode ter um papel secundário em sua função sociológica. Muito claro é o código moral presente no mito que também simboliza, por sua vez, a ancestralidade. Como estamos falando de África Subsaariana, esta ancestralidade lhe confere a autoridade de orientar e até mesmo ditar um código moral.

Obaluaê, as doenças e a morte

Segundo vimos quando falamos da relação entre Ogum e a morte, no Odu Oyeku Meji dentro do corpo literário de Ifá, a morte, que consumia vidas humanas como seu alimento sem explicação, passa a atacar os homens através somente das guerras de Ogum, do fogo de Xangô, das magias das feiticeiras e das doenças de Obaluaê, depois da oferenda a Exu que é feita com o intuito de enganá-la.

Vimos também, na lenda da diáspora que contamos ao falar de Oxumarê, que a morte, no contexto dos iorubás, pode não ter um caráter somente terrível, mas também redime os homens. Isto faz com que, apesar de não ser necessariamente desejada, seja ao menos aceita se não for contra os preceitos naturais.

Da mesma forma que traz as doenças, Obaluaê também as cura, e tem uma relação ambígua com as doenças e a morte, pois, da mesma forma que o poder tem caráter duplo nas sociedades subsaarianas em geral, os binômios de vida e morte, de saúde e doença têm que ter a mesma origem e estar entrelaçados, pois ambos regulam inclusive as condições de vida das aldeias. Isso faz com que tanto a natalidade quanto a mortalidade estejam relacionadas a mitos complementares, quando não ao mesmo mito.

Dentro dos orikis de Obaluaê, vemos claramente as imagens que constroem arquetipicamente esta relação da morte e das doenças com o poder nas relações sociais e instituições iorubás.

Quando ouvimos:

> Se eu for expulso do país ele será arruinado.
> Doença terrível

Sobre aqueles que são responsáveis pelo país,
terrível doença.
Invocamos todos os grandes,
Não falamos com alguém que mata e come as pessoas.
Paciência, ele parte para a terra de outro.

A relação de respeito ao senhor da varíola, da morte, das doenças e da terra lhe confere o poder sobre as decisões dos conselheiros, dos soberanos das cidades onde o mito está presente, e desempenha desta forma um papel indireto em sua estrutura sociológica. Isto sem falar no corpo social de sacerdotes que qualquer mito cria dentro do contexto da sociedade iorubá.

Código moral nos orikis de Obaluaê

Além da evidente função sociológica que o mito de Obaluaê desempenha na sociedade iorubá, através da autoridade de seus sacerdotes sobre as questões relacionadas à medicina tradicional e ao culto aos antepassados, que por sua vez ratificam e fortalecem a autoridade deste corpo social, o mito em sua função pedagógica delineia um sistema moral e nos mostra particularidades de seu sistema de racionalidade. Este sistema moral, presente nos orikis de Obaluaê, também nos desenha uma estrutura social e nos dá uma ideia de um sistema de comunicação onde atua o corpo sacerdotal deste mito através de seu sistema de crenças.

Vemos claramente como a autoridade e a hierarquia são representadas através das imagens do oriki que nos dão ideia do papel desta autoridade na estrutura social:

> Antes que o pássaro entre na gaiola, deve pedir ao
> seu superior.

Outro momento no qual a ordem estabelecida se traduz no nosso imaginário através de versos de oriki é quando ouvimos:

> O guerreiro não tem medo de disparar
> sua espingarda.

Isso se reforça ainda mais e se torna ainda mais claro e direto quando ouvimos os versos de oriki:

> Volto para casa,
> Venho prestar contas a você,
> Devemos contar o que vimos,
> Fui saudá-lo.

Nestes versos, além da autoridade do vodum ou orixá como ancestral, e que determina as relações que os iorubás têm com esta ancestralidade, vemos também a importância da palavra verdadeira dentro desta estrutura sociológica, que, por estarmos em uma sociedade oral, tem antes de tudo um valor documental. Em versos despretensiosos como estes podemos entrar em contato com preceitos fundamentais que relacionam o sistema de comunicação com o código moral e o sistema de racionalidade entre os iorubás e a maior parte das sociedades subsaarianas.
Observemos os versos:

> O corpo daquele que injuriou o vodum apodrecerá
> enquanto ele ainda estiver vivo.
> Aqueles que insultam Omolu no caminho do campo,
> Veremos seu cadáver voltar inchado.

ANTROPOLOGIA DOS ORIXÁS

Vemos claramente aqui, mais uma vez, a relação de respeito ao orixá como ancestral que legitima o seu papel civilizatório através do seu sistema moral.

De qualquer forma, nem tudo o que vemos e ouvimos em relação a Omolu diz respeito somente ao código moral que legitima a estrutura social das cidades onde irradia seu mito para a diáspora.

Temos exemplo claro nos versos de oriki abaixo:

Uma enxada de chumbo não pode cavoucar o campo.
Faca de cobre não pode cortar uma palmeira.
Sem língua a boca não serve.
Aquele que desonra não concebe ser desonrado.
Mosca debaixo do leopardo não sente medo
do leopardo.
O fogo queima o campo sem queimar as folhas secas.
Ele cai na estrada e a fecha como uma
planta espinhosa.
A planta espinhosa faz mancar aquele que entra
na cidade.
O vento sopra, quando venta muito prevenir
seu marido.
A serpente é bela, mas arrasta seu corpo no chão.

Nos versos anteriores, não podemos negar que estamos falando de um código moral, contudo, nos exemplos destes versos de oriki, ao contrário dos anteriores, a relação de respeito ao mito ancestral não se impõe através do medo, ainda que estejamos falando do senhor da morte e das doenças. Vemos, indubitavelmente, simples observações a partir do quotidiano, e é inegável que podemos perceber nesses versos elementos do sistema de racionalidade deste povo; assim como na maior parte dos versos, o mito assume sua função pedagógica. Isto mostra e comprova que, apesar dos orikis serem um elemento litúrgico, não param somente aí, e revelam outras funções.

Voltando aos orikis em si, em sua função pedagógica, vemos nos versos abaixo algo que sem dúvida legitima o respeito ao corpo social que o mito cria:

> Não se deve caçoar dos adeptos do orixá.
> Se alguém caçoar deles, esta pessoa tornar-se-á esposa do orixá.

Isto delimita, antes de tudo, na estrutura social iorubá, onde devem se localizar os adeptos e sacerdotes do orixá em relação ao restante da sociedade das cidades da qual irradia este mito.

Obaluaê também se relaciona com o dinheiro, pois o senhor da morte também cria os herdeiros e legitima o poder econômico dos que herdam os bens dos que deixam de encabeçar as linhagens e são redimidos pelo senhor da terra. Isto nos mostra parte deste sistema econômico criado pelas sociedades de linhagens em seus processos sucessórios. Este fato é ilustrado também nos versos de oriki abaixo.

> Odire recebe dinheiro de um homem importante.
> Meu pai que dança em cima do dinheiro.

De qualquer forma, a morte e as doenças não são vistas com alegria, apesar de serem aceitas pelos iorubás como parte de seu processo de construção civilizatória. Vemos isto claramente nos versos de oriki:

> Ele pesa para todo mundo.
> Ensinem-me a me divertir para que tudo fique bem.

ANTROPOLOGIA DOS ORIXÁS

Este último é uma alusão à própria lenda que enganou a morte no *corpus* dos odus de Ifá em Oyeku Meji, conforme vimos no texto sobre Ogum.

Contudo, o mito também traz em seus orikis um claro papel pedagógico quando construímos as imagens do verso:

Ninguém deve sair sozinho ao meio-dia.

Este verso nos fala indiretamente dos perigos de se sair sozinho ao meio-dia e aumentar o risco de contrair doenças por ser picado por mosquitos como o da malária ou outros. Mesmo que não haja diagnósticos médicos conforme conhecemos em nossa sociedade, como as doenças são atribuídas a Obaluaê, intuitivamente eram atribuídas a ele a epidemia e a infecção, assim como as formas de evitar os contágios de doenças também a ele são atribuídas, tanto na África como na diáspora.

Fazendo um parêntese neste caso, é importantíssimo que nos atenhamos à eficácia dos métodos presentes nas bases míticas da África Subsaariana para que possamos realmente combater epidemias naquele continente, sobretudo no interior e nas regiões menos ocidentalizadas. As campanhas de combate a epidemias na África (como a AIDS) geralmente são ineficazes para as regiões menos ocidentalizadas, pois estas campanhas geralmente são direcionadas para uma realidade urbana, para os que se mantêm mais próximos da influência dos antigos colonizadores e, consequentemente, das regras da sociedade de consumo ocidental. Analisando o exemplo de Obaluaê dentro da cultura iorubá, podemos concluir que só teremos o combate eficaz a epidemias na África se levarmos em conta métodos, medicinas e mitos tradicionais em harmonia com os métodos do Ocidente. Se o Ocidente não souber introduzir estes métodos respeitando as crenças locais, dificilmente terá sucesso.

Para concluir este item, ao analisarmos os versos de oriki abaixo, percebemos o quão onipresente é a relação dupla de vida e morte, como também o são as relações de poder entre os iorubás.

> Ele fica em casa, manda as pessoas saírem e as vigia. Atenção na casa, atenção no caminho, venham fazer a cerimônia.

Isto ratifica, mais uma vez, sua posição como ancestral e responsável pelo culto destes, uma vez que a casa, no contexto da civilização iorubá, é a sede das linhagens. O que nos expõe elementos importantes em sua estrutura social.

Obaluaê e a relação com o Onilé

Como veremos melhor no mito de Nanã, antes da chegada de Odudua, conforme nos fala Lépine (2000, p. 25), não se cultuava Olorum no que hoje são as terras iorubás. Na verdade se cultuava Onilé (que em iorubá literalmente quer dizer senhor da terra) e somente diversas versões de Nanã e Sapata (Obaluaê) eram conhecidas e relacionadas desde este período ao culto à terra.

Temos ainda, nos dias de hoje, resquícios do culto ao Onilé nas sociedades Ogboni das diversas cidades iorubás que assimilaram este culto. Nos dias de hoje, o papel de Onilé é atribuído ainda a Nanã, Obaluaê (como nos idos tempos antes da chegada de Odudua) e também a Ogum (por ser o civilizador e o que liga os homens à sobrevivência da terra) e a Oxóssi, também por desempenhar as mesmas funções.

O Onilé, em resumo, como já vimos no caso dos orikis de Logum Edé, é aquele elemento que designa para o iorubá o seu

ANTROPOLOGIA DOS ORIXÁS

sentido de pátria (o que discutiremos mais detalhadamente em outros textos). O Onilé, para o iorubá, é onde está assentado seu orixá, que geralmente é onde está baseada a casa de sua linhagem de origem. Normalmente é o lugar onde se nasce. Obaluaê, no sentido de senhor da terra, é o Onilé por excelência.

Para ilustrar o conceito, narro algo que observei quando fui ao Balé Folclórico da Bahia em uma das vezes que estive em Salvador.

Na apresentação do Balé Folclórico, eram recriadas danças de orixás e, no momento em que Obaluaê entra, começa a bater no chão, gritar e se contorcer todo para expressar sua dor. Podemos interpretar, a partir desta representação, que recria, muitas vezes, as manifestações de Obaluaê em terreiros da diáspora e na África, que Obaluaê, sendo um orixá Onilé e o próprio senhor da terra, sente em si toda a dor da terra e dos homens. Por isso os cura ou os redime com sua luz.

O que podemos também interpretar da dor de Obaluaê, o senhor da terra, é que as riquezas desta terra, segundo a lógica deste orixá Onilé, devem servir para amenizar as dores dos homens, que também é a dor deste meu pai que sofre por todos nós e por quem também resolvi renunciar a muitas coisas em minha vida pessoal para trabalhar também em oferenda a ele contra o preconceito racial e o sexismo até a hora em que ele venha me redimir de todas as dores que nós homens sentimos nesta terra, pois estas, que também são dores dos homens, meu pai orixá Onilé e senhor da terra sempre as sentirá juntamente conosco e será sua eterna dor, à qual sua terra, com suas riquezas, deve servir para combater, juntamente com as nações de seus filhos e devotos na África e pela diáspora que também, como ele, sentem a dor do mundo.

Atoto Baba ajunta mi Obaluaê.

O mito de Nanã na civilização iorubá a partir de seus orikis

Introdução

Devemos iniciar esclarecendo que o mito que temos desta divindade na diáspora é bem diferente do que temos originalmente na África ainda nos dias de hoje. Para entendermos melhor o que significa o mito de Nanã em terras africanas, devemos recorrer ao que vimos brevemente no texto sobre Obaluaê no que se refere ao culto de Onilé.

Nanã, segundo nos expõe Lépine (1998), era cultuada (ou cultuado) em uma região que ia do atual Níger até Burkina Faso, sob diversas designações e sob a égide de diversas lendas e simbolismos diferentes. Em todos os casos, Nanã era ligado(a) à terra. Encontramos este mito muito presente, tanto no contexto destas civilizações no período de caça e coleta, quanto no agrícola. Isto o reafirma ainda mais como orixá Onilé, originalmente ligado a este culto e anterior à chegada de Odudua a Ilê Ifé.

Ainda segundo o que nos conta Lépine, existem regiões em terras iorubás nas quais a maior parte das divindades que conhecemos no panteão dos orixás na diáspora e na maioria das cidades iorubás é desconhecida, e só se conhecem e cultuam Obaluaê e Nanã. Isto nos mostra claramente que, se o culto de Olorum não está em todos os lugares da civilização iorubá, o culto ao Onilé está, por ser mais antigo.

Segundo vimos no texto sobre Oxumarê, quando Balandier (1975) fala sobre os mitos da criação entre os fon, cita Nanã como sendo um ser andrógino (e peço neste momento que recorramos ao que vimos anteriormente para entender melhor esta questão nas relações do poder duplo na África). Na questão do poder duplo, Nanã estará ligada sempre ao corpo social que cultua o Onilé e, portanto, aos administradores e conselhos populares mais distantes do culto de Olorum, que normalmente estará ligado à realeza. Desta forma, o culto de Nanã é, na África, algo que se relaciona à resistência dos cultos ancestrais dos antigos autóctones anteriores a Odudua.

Vemos elementos claros disso em uma lenda da diáspora da coletânea de Prandi, que transcrevo a seguir:

Nanã proíbe instrumentos de metal em seu culto

[...] Ogum, o ferreiro guerreiro,
Era o proprietário de todos os metais.
Eram de Ogum os instrumentos de ferro e aço.
[...] dele todas as outras divindades dependiam.
Sem a licença de Ogum não havia sacrifício;
sem sacrifício não havia orixá.
[...] Contrariada com essa precedência dada a Ogum,
Nanã disse que não precisava de Ogum para nada [...]
"Quero ver como vais comer,
sem faca para matar os animais", disse Ogum.
Ela aceitou o desafio e nunca mais usou a faca.
Foi sua decisão que, no futuro,
[...] os sacrifícios feitos a ela fossem feitos sem a faca,
sem precisar da licença de Ogum.

(PRANDI, 2001, p. 200-201)

Se considerarmos que o culto a Ogum está ligado ao ancestral Odudua, que surge somente após sua chegada em terras iorubás, e que com ele vimos o advento da forja e, consequentemente, da vida urbana que segue as sociedades agrícolas e de caça e coleta, quando predominava o culto de Nanã e do Onilé, entendemos melhor o que representa esta resistência de Nanã em usar a faca.

Em uma sociedade na qual a ancestralidade determina relações de poder, vemos neste primeiro exemplo mais uma vez uma relação dupla entre o poder da ancestralidade, que resiste para não perder seu lugar, e o poder da tecnologia e das novas gerações, que inova. Talvez, ao observar isso, teremos métodos mais eficazes para estabelecer relações com esta África, que respeitem suas origens primordiais. O mesmo serve para nós, filhos de suas diásporas, que relutamos em enxergar nesta África nossas origens ancestrais somente porque grande parte de nós não tem mais a pele negra, e neste processo negamos muito do que nós mesmo ainda somos.

Nanã, senhora dos mortos. Relação com a doença

Na maior parte das terras na África onde é conhecida, Nanã, por ser relacionada à terra, assim como Obaluaê, também se relaciona com os morte e com a doença. Também Nanã é representada como a morte por doenças no Odu Oyeku Meji que vimos no texto de Ogum.

Vemos, em seus orikis, representações claras disso, quando ouvimos:

> Dono de uma bengala, não dorme e tem sede
> de sangue.
> Ele só poderá comer a massa no dia da festa se tiver
> matado alguém.

E sua relação com a doença e a proteção aos que padecem de males, quando ouvimos:

> Louvo a vida e não a doença.

Isto também nos fala da função sociológica do mito através do corpo sacerdotal ligado à medicina tradicional e que se relaciona ao mito de Nanã.

143

Nanã e a ancestralidade. Origens do mito

Por estar ligada ao culto ao Onilé e conforme observamos acima, Nanã está intrinsecamente ligada à ancestralidade, sobretudo a partir deste conceito segundo o culto ao Onilé. Isto se evidencia quando ouvimos os versos:

> Presto homenagem aos ancestrais.
> Minha mãe estava primeiro em Baribá.
> Venho saudar o Onilé [dono da terra] para que ele me proteja.

Temos aqui também dados históricos da origem do mito entre algumas cidades iorubás, proveniente originalmente da terra dos baribás, o que contribui com o que nos diz Lépine (2000) sobre o mito.

Outro fator importante, que não podemos deixar de ressaltar, trata-se da referência direta, tanto à ancestralidade quanto ao Onilé, que ratifica a importância de seu papel na estrutura desta sociedade de linhagens.

Código moral de Nanã e provérbios dos orikis

Nesta última parte nos ateremos mais aos aspectos do sistema moral e das funções pedagógicas e sociológicas do mito de Nanã.

Segundo nos expõe a historiadora Bolanle Awe (1974) em sua obra, os orikis podem nos falar de fatos históricos e, no caso de dois versos de orikis de Nanã, vemos, além disso, a sua influência social assim como o domínio iorubá sobre os fon em dois versos:

Orixá que impediu o fon de circuncidar-se.

(QUE PODE ESTAR RELACIONADO COM SUA ORIGEM ANDRÓ-
GINA ENTRE OS FON.)

E também:

Orixá que obriga o fon a falar nagô.

(PROVAVELMENTE UMA ALUSÃO AO DOMÍNIO DE OYÓ SOBRE
O DAOMÉ ATÉ A ÉPOCA DO REI GLELE QUE, AO TRAVAR UMA
GUERRA COM OYÓ, INVERTEU A SITUAÇÃO NO SÉCULO XIX.)

Nos casos acima, vemos claramente, neste código moral, a
função sociológica do mito e um pouco da história da relação
entre os iorubás e os fon. Vemos em outros versos sua função
pedagógica, como por exemplo:

O covarde não tem título.

Verso que nos mostra claramente que o covarde, nesta sociedade, é um transgressor moral.

O Onilé [dono da casa] mete medo no malfeitor.

Outro verso que também nos mostra claramente que o
malfeitor é tratado igualmente como um transgressor moral
nesta sociedade.

Ele mata aquele que é mau.

Verso que nos reforça a transgressão moral do malfeitor.

145

ANTROPOLOGIA DOS ORIXÁS

> Não se pode saber o que existe dentro de um saco.

Mostrando, em sua função pedagógica, que muitas vezes a curiosidade pode trazer problemas.

> Nós o chamamos sem dormir.
> Não morrer em casa, não morrer viajando.

Versos que, relacionados ao culto da senhora dos mortos, falam dos inconvenientes que a morte em lugares inapropriados podem trazer.

> Nada tirar de um centavo não o diminui.

Em uma alusão clara ao conceito de economia.

Em outros versos vemos fatores importantes que inspiram comportamentos e, ao mesmo tempo, descrevem o mito de Nanã, mostrando bastante de sua função pedagógica e delineando um código moral.

> Ele encontrou dinheiro, chefe, devagarzinho.
> É o primeiro a usar uma espada.
> Força para pegar inimigos.
> Ele não te conhece, ele não te felicita.
> Uma coisa semeada dentro de casa cresce até o lado de fora.
> Ele faz tudo.
> Não se pode olhar no olho da morte.
> Sabemos o que ele faz, não sabemos o porquê.
> Ele divide a guerra em dois.

(EM UMA ALUSÃO AOS LADOS EM QUE COMBATEM OS INI-
MIGOS, MAS QUE, INDEPENDENTE DO LADO, TÊM MOR-
TES IGUAIS.)

Ela faz o que bem entende.
Muito velha.
Invocamos depressa o orixá.
Nós o vemos divertir-se e não conhecemos os
seus hábitos.
Ele tem força sem recorrer a remédios.
Nós o olhamos, mas ele não desvenda o segredo.
Ele dá alegria para todo mundo.
Se alguém for muito bom ele o mata.

(NO SENTIDO DA MORTE COMO REDENTORA.)

Ele é solitário, ele é conhecido.

Para concluir, temos em um verso de oriki uma alusão à
lenda que temos na diáspora e que nos diz:

Ele mata o carneiro sem utilizar a faca.

Que nos faz pensar em Nanã e, consequentemente, em
como, na nossa sociedade de consumo e ocidental, nos recusamos ainda a defender tradições que são tão nossas, que
herdamos desta diáspora africana.

Salubá Iya Nanã

O mito de Iemanjá na civilização iorubá a partir de seus orikis

Introdução

Devemos, iniciando a falar em Iemanjá, dizer que, apesar de talvez ser ela a divindade iorubá mais popular em sua diáspora no Brasil e no imaginário dos brasileiros de todas as religiões, grande parte dos seus mitos, assim como de outros orixás, foi construído em terras da diáspora e não refletem sempre o mesmo imaginário mítico entre os africanos.

Não é em todas as cidades iorubás que Iemanjá se relaciona diretamente com o mar, apesar de estar presente na maioria delas. Contudo, está ligada às águas, de alguma forma, na maior parte. Pois as águas e suas deusas (e deuses) fazem parte da cosmologia de quase todas as cidades iorubás, o que não quer dizer que todas as águas sejam o mar. Talvez expliquemos isto pelo fato de o mar muitas vezes não fazer parte do cotidiano da maioria das cidades iorubás fundadas pelos descendentes de Odudua, e de as divindades auxiliares terem de se adaptar à hierarquia do mito fundador da cidade. Segundo a cosmologia encabeçada por este mito fundador, auxiliam nesta cosmologia e, consequentemente, na ordem social e das instituições destas cidades, conforme também me afirmam meus correspondentes africanos ligados a corpos sacerdotais de templos em cidades sagradas da região iorubá.

A Iemanjá que conhecemos no Brasil, segundo vemos na obra de Verger (1981, 1999), reúne elementos das divindades iorubás Yemoja, Yeyemowo e Yewa (e outras divindades menores ligadas às águas das várias cidades iorubás que se encontraram através de seus filhos da diáspora, desde a época das senzalas).

Yemoja era uma das divindades principais da cidade de Abeokutá, onde conta-nos Verger que se situava seu principal templo. Segundo o mesmo autor, *Yemoja*, dentro da lógica aglutinante da língua iorubá, é a contração de *Yeye* (mãe) *Omo*

ANTROPOLOGIA DOS ORIXÁS

(filho) *Ejá* (peixe), ou seja: mãe cujos filhos são peixes, ou mãe dos peixes. Os nomes Iemanjá, no Brasil, e Yemaya, em Cuba e nas outras Antilhas, teriam vindo diretamente do nome Yemoja.

Contudo, conforme já disse, nem sempre o mito de Iemanjá se relaciona diretamente com o mar e, para ilustrar isto, transcrevo um mito que se refere à cidade de Oyó (que não era banhada nem próxima ao mar) que Verger nos cita a partir dos relato do Padre Baudin e outros autores europeus:

Odudua deu a seu esposo Obatalá um menino e uma menina: Aganju [...] (mato ou floresta) e Yemoja (mãe dos peixes).

Yemoja é a divindade dos rios e preside julgamentos pela água. [...] O culto a Aganju [...] tem lugar diante do palácio do rei de Oyó, [...] que ainda se chama Oju Aganju.

Yemoja desposou seu irmão Aganju, do qual teve um filho, Orungan, que [...] seria o ar (entre a terra e o céu). Orungan enamorou-se de sua mãe. [...] aproveitando-se da ausência do pai, a possuiu. [...] Yemoja fugiu, [...] perseguida por seu filho. [...] No momento em que Orungan ia apoderar-se dela, Yemoja caiu [...] Seu corpo inchou imediatamente e de seus seios saíram cursos d´água que formaram um lago. Seu ventre explodiu e dele saiu uma série de deuses: Dada (deus dos vegetais), Xangô (deus do trovão), Ogum (deus do ferro e da guerra), Olokum (deus do mar), Oloxá (deusa dos lagos), Oyá (deusa do rio Níger), Oxum (deusa do rio Oxum), Obá (deusa do Rio Obá), Orixá Okô (deus da agricultura), Oxóssi (deus dos caçadores), Okê (deus das montanhas), Ajê Xalugá (deus das riquezas), Xaponã (deus da varíola), Orum (o Sol) e Oxu (a Lua). (VERGER, 1999, p. 295)

Verger ainda diz que, no local onde isso aconteceu, foi construída a cidade santa iorubá, Ifé (nome que significa inchaço). Há alguns pontos a se comentar e explicar na lenda da coletânea de Verger.

1. Aganju é o nome de um dos primeiros Alafins (reis) de Oyó, e, portanto, deificado, assim como Xangô e Oraniã. Isto justifica seu culto diante do palácio do rei de Oyó na lenda acima.

2. Olokum aparece aqui como deus do mar, o que era comum na maior parte dos reinos iorubás, sobretudo em Oyó. No Brasil, o culto de Olocum praticamente não existe, mas em Cuba resiste e ele é conhecido na santeria como deus do mar.

3. Ifé, nesta versão, é considerada como sendo um inchaço. Contudo em iorubá, *ifé* é um substantivo que se forma a partir do verbo *fe* (querer) e a qualidade do querer (*fe*) que forma *(I)fe* e também designa, em iorubá, a palavra *amor*.

Segundo o que nos contou Salami (1993) em suas aulas, Ifé também, por esta acepção, quer dizer algo muito grande e que não tem tamanho (daí sua provável correlação com um inchaço). Ifé é a cidade original dos iorubás, que legitima a realeza de todos os outros reinos iorubás através do poder de seu Oni (rei) que é descendente direto de Odudua (ancestral mítico de quem todos os outros reis iorubás também descendem).

É interessante ressaltarmos que, mesmo nesta lenda Iemanjá não sendo a rainha do mar, é a mãe dos orixás. Este mito nos explica a criação do universo e a função cosmológica deste mito como um elemento feminino responsável pela gênese do mundo, pois os deuses representavam em si os elementos que tinham como domínio. Na diáspora também vemos, em coletâneas de outros autores, Iemanjá promovendo esta gênese e sendo o elemento feminino responsável por ela. Temos exemplos semelhantes na coletânea de Reginaldo Prandi *Mitologia dos orixás*, que pode nos ilustrar como este papel de senhora da gênese, relacionado a Iemanjá, chegou até nós na diáspora. Falaremos com mais riqueza de detalhes do papel de Iemanjá como elemento feminino da gênese quando formos tratar dos mitos das Ayabás. Então entenderemos melhor por que Ilê Ifé, que é a cidade original dos iorubás, é associada à deusa Iemanjá e não ao ancestral mítico Odudua.

De qualquer forma, o que é um consenso é que, tanto Yemoja quanto a nossa Iemanjá, estão ligadas às águas, ao poder feminino, ao poder criador e à gênese, à maternidade, à fertilidade e à ancestralidade feminina.

Estas águas, que explicam a função cosmológica do mito a partir de seu poder criador e de mãe da gênese, têm seus reflexos no poder feminino da maternidade que, juntamente com o papel feminino da ancestralidade, nos explicam muito da estrutura social que se constrói historicamente onde este mito está presente. Uma vez apresentados estes elementos podemos comentá-los em seus orikis.

Maternidade de Iemanjá e ancestralidade feminina em seus orikis

Dentro de uma sociedade que se expressa através de linhagens, a maternidade e a condição de mãe expressam, antes de tudo, segundo esta visão, a condição de dar continuidade a um determinado ciclo que mantenha esta ordem e estrutura sociais. Como nos expõem Serrano (2003) em suas aulas e Balandier (1971, 1975, 1982) em seus textos, a matriarca, a partir de uma determinada idade, passa a desempenhar um papel importante dentro das estruturas de poder, predominantemente masculinas, nas sociedades subsaarianas. Esta idade que confere à mulher uma determinada antiguidade, que lhe permite participar das decisões dos conselhos masculinos, é exatamente o que vemos representado no mito de Iemanjá quando esta manifesta sua maternidade adulta.

Ao analisarmos os versos de oriki: "Rainha que vive nas profundezas das águas" e "Diante do Rei ela espera altivamente sentada", vemos, no primeiro, a legitimação da função cosmológica de seu mito e, no segundo, a imagem deste poder matriarcal, ao fazermos a imagem da mulher altiva que espera na frente do rei. Já no verso: "Flauta de mulher que ao despertar toca na corte do rei", vemos mais uma vez a imagem da sua figura feminina ligada ao poder.

É impossível falarmos em maternidade e querermos nos desdobrar em suas implicações na sociedade iorubá, sem antes citar que ela não existe sem a fertilidade das mães e a própria maternidade, ao que Iemanjá também aparece ligada indubitavelmente nos versos de oriki: "Mãe que tem os seios úmidos" (pois está amamentando) e " Ela tem muitos pelos na vagina" (em uma alusão à mulher fértil).

Já quando ouvimos os versos: "Mar, dona do mundo que cura as pessoas como um médico" e "Velha dona do mar", podemos fazer melhor a relação existente entre esta figura da matriarca, do mito que assume sua função cosmológica através do mar, que tem seu papel na gênese e que se desdobra em sua função sociológica quando, através do seu corpo sacerdotal, "cura as pessoas como um médico".

Inegavelmente, todos estes versos aparentemente despretensiosos também fazem a imagem da mãe que dá sequência à sociedade de linhagens e mantém assim viva a estrutura social que por ela se mantém.

Contudo, o papel sociológico do mito de Iemanjá vai muito mais além, e podemos até mesmo entender um pouco das relações de parentesco e alteridade (com estranhos) presentes nos textos do antropólogo Claude Meillassoux (1995), autor que nos informa que, a partir destas relações, é criada a escravidão linhageira na África Subsaariana. Normalmente, segundo Meillassoux, foi a partir da falta da conquista efetiva de espaço nesta estrutura de linhagens pelos estranhos que começou a escravidão linhageira na África. Contudo o mesmo autor, ao mesmo tempo, diz que nem sempre estes estranhos estavam fadados a este destino, pois havia a possibilidade de integração deles a esta estrutura social.

Podemos ter uma ideia de como esta integração se dava na região onde o mito de Iemanjá irradiava sua influência em terras iorubás, quando entendemos como desempenhava esta sua função sociológica quando ouvimos os versos de oriki:

Criança que em grupo quer ver Iemanjá.
Minha mãe Awoyo é maior do que aquelas que
têm roupas.

(EM PROVÁVEL REFERÊNCIA ÀS EUROPEIAS.)

Ela cria as crianças vindas de fora.
Seu filho será alimentado

Vemos literalmente, nos versos acima, a criação da instituição dos agregados familiares na África iorubá, que cria, a partir do mito de Iemanjá, um espaço para que estes, até então estranhos, penetrem nas estruturas linhageiras das famílias e encontrem seu espaço.

Nos anos 1990, eu me correspondia com uma amiga que era professora no Benim e descendente de iorubás, e ela em carta me contou a história de sua própria família, que descendia de pessoas da Corte de Oyó. Com a guerra de Glele, no século XIX, seu tataravô foi escravizado pelo rei do Daomé (Glele), e os fon, ao inverterem a ordem de submissão que tinham com o reino de Oyó, ao escravizar a corte e grande parte dos adultos de muitas cidades, abandonavam à própria sorte as crianças, que eram acolhidas por famílias iorubás e se tornavam agregadas destas famílias. Segundo me disse minha correspondente, sobretudo nesta fase da escravidão, era comum que famílias iorubás, estabelecidas em cidades do que hoje é o Benim, adotassem estes agregados para aumentar a força de suas linhagens, e, mesmo nas cidades iorubás que hoje são da Nigéria, isto acontecia entre as cidades que guerreavam entre si.

Vemos no oriki que a instituição dos agregados da família brasileira, que diz respeito a muitos de nós, tem (também, porém talvez as mais fortes) raízes na África. Percebemos isto muito bem sobretudo no Nordeste, onde a influência dos iorubás é maior, mas também no Sul e Sudeste. Minha própria avó e suas irmãs (que eram mineiras e negras) cuidaram de muitos agregados, segundo a tradição de suas ancestrais. Tenho tios que são estas "crianças de fora" que "foram alimentadas" por estas filhas e devotas inconscientes de Iemanjá que habitam na diáspora, independentemente de suas religiões (pois minha própria avó era protestante), das quais descendemos em maior parte.

Código moral de Iemanjá a partir de seus orikis

Outro mito que influenciou o que conhecemos como sendo nossa Iemanjá, foi a mulher de Obatalá que se chama Yeyemowo e que conversa diretamente com o mito de Iemanjá, apesar de estar mais ligada à função da mulher de Obatalá do que à de senhora das águas.

Vemos neste mito um forte código moral, que inegavelmente está ligado a Obatalá e seu contrapeso no universo feminino.

Temos que na diáspora Iemanjá é mulher de Obatalá (Oxalá).

Façamos as imagens de oriki:

Yemowo, faz teu marido pensar em casa.
Que haja dinheiro, que haja filhos,
Que haja comércio, que haja benefícios,
Que se vá onde as pessoas estão reunidas,
Que permanecendo em casa haja comida para
numerosos filhos.
Ela é ciumenta,
Ela tem o ciúme da lebre do campo.
Ela diz que você é o marido.
Ela diz que eu o pegue e o leve até Ifon.
Seu marido não deve voltar a casa com outra.
Ela diz que a lebre assim o faz no mato.
Mulher principal,
Ela é digna de seu marido no dia que carrega
um fardo.
Rainha que encontra o que comer,
Ela gosta de ver seu marido com frequência.

O mais interessante que observamos no mito é que ele desenha um código para esposas baseado em observações que vêm do sistema de racionalidade deste povo e que têm grande influência, pelo que conhecemos ser pertencente ao mito de Iemanjá na diáspora.

Talvez não possamos negar que vemos muito de mulheres que conhecemos, ou mesmo de nossas mães, neste mito. Muito provavelmente por esse motivo tenha se tornado tão popular e amado entre nós na diáspora.

Odo Iya Yemoja

Itã Ifá: Como o mito de Iemanjá esteve presente em minha família

Não posso deixar de narrar neste trecho desta obra como o mito de Iemanjá esteve presente na minha estrutura familiar assim como está em muitas famílias brasileiras e por toda a diáspora iorubá.

Como relatei anteriormente, minha correspondente no Benim, de origem iorubá, me contou que sua família tinha se formado somente pela tradição, na época da escravidão, de que as crianças que eram separadas de seus pais e abandonadas devido às razias (expedições para captura de pessoas destinadas à ecravidão) eram criadas por outras famílias que as tinham como crianças de fora. Muito sobre a escravidão doméstica (linhageira) pode ser explicado por este fato, pois estas crianças vindas de fora acabavam assim se agregando às famílias que as adotavam. Era um costume comum que estas crianças fossem "adotadas" por estas famílias, criando uma verdadeira instituição de agregados.

No caso dos iorubás, encontramos no mito de Iemanjá a criação desta instituição de agregados e muito sobre como se desenvolvia esta prática, quando vemos em seus versos de oriki:

> Criança que em grupo quer ver Iemanjá.
> Minha mãe Awoyo é maior do que aquelas que têm roupas.
> Ela cria as crianças vindas de fora.
> Seu filho será alimentado.

Desta forma , este mito legitimava esta prática entre os iorubás, e inúmeros mitos similares tambérm tinham no fim a mesma função em toda a África Ocidental. Este mito fazia com que aqueles que eram abandonados devido às razias pudessem encontrar espaço nesta sociedade de linhagens agregando-se a outras linhagens que os absorviam.

A partir disso podemos afirmar que esta prática dos agregados, muito comum nas famílias em todo o Brasil, sobretudo no Nordeste, também tem suas origens na África, uma vez que o mesmo ocorria nas senzalas com as crianças que eram separadas de seus pais e criadas por outras famílias.

Da mesma forma que era uma forma de resistência destas comunidades, a adoção daquelas crianças, abandonadas devido às razias na Africa, era uma forma de resistência ao que ocorria nas senzalas, e sobretudo entre as famílias pobres que adotavam os agregados no Brasil, que eram de alguma forma tão excluídos quanto aquelas crianças africanas vitimas das razias, neste caso pelas condições sócio-econômicas de suas famílias de origem.

De qualquer forma, como negro e afrodescendente (como a maioria da população brasileira), este mito está presente em meu processo formador pelas minhas ancestrais, e o exemplo que tenho próximo é minha avó materna e suas irmãs (mineiras e negras).

Minha avó e suas irmãs, nos anos 1950, depois que minha avó ficou viúva, tinham pensões na região oeste de São Paulo e não raro criavam os filhos de suas colaboradoras, como verdadeiras crianças de fora, assim como as alimentavam da mesma forma que a seus próprios filhos biológicos, como faziam as famílias africanas iorubás inspiradas no mito de Iemanjá.

Minha avó, em sua pensão, criou cerca de cinco agregados além de suas duas filhas biológicas (minha mãe e minha tia), cuidando de sua alimentação, educação, saúde e bem-estar, sobretudo devido à falta de estrutura de suas famílias de origem, que muitas vezes tinham integrantes que eram suas colaboradoras na lida diária de sua pensão.

Contudo, minha tia acabou herdando de minha avó a sina do mito de Iemanjá e da maternidade que foram fatores que a mantiveram viva e lhe deram motivação de vida. No início dos anos 1980, Célia (minha tia) se separou do marido por não dividir mais com ele os mesmos ideais de vida, no que foi amplamente condenada por toda a família dos dois lados, sobretudo pelo que representava uma separação naquela sociedade conservadora.

Ao se separar dele, ela ingressou no mundo das artes, em grupos de teatro, e acabou se aproximando da militância política de esquerda, na qual a ascensão de um operário da mesma origem nordestina do estado de seu pai ao poder representava parte de seus anseios e ideais. Célia passou a sofrer com as desigualdades que observava e foi viver entre os abandonados nas praças de São Paulo, para entender suas motivações de vida e o que os fazia resistir ao que a sociedade lhes reservava. Certa vez, no final do período militar, foi presa entre os pobres da rua por panfletar pelo seu partido, e sofreu violência na cadeia, o que fez com que se desiludisse e perdesse seu sonho.

Célia não suportou a violência da sociedade em que vivia e que a privava de um sonho por uma sociedade mais justa, e caiu no mundo das drogas, assim como muitos outros que tentam buscar nesta ilusão os sonhos da vida real que perderam por diversos motivos, pois os sonhos igualam todos os homens, ricos e pobres, religiosos e ateus, de todas as raças e credos ou descrenças, pois antes de divinos nos tornam humanos e igualam nossa condição nesta mesma aventura humana que vivemos.

O sonho de Célia era por uma sociedade mais justa, mais igual, onde todos pudessem ter direito à dignidade, e disso seus ideais não abriam mão. Contudo, Célia viveu todos os tipos de tormentos no mundo das drogas e do vício. Kali, a Negra, caiu aos sete infernos de Dante.

Contudo Célia, mesmo vítima das drogas, nunca deixou de trabalhar, e manteve seus filhos e mãe em sua casa enquanto vivia pelas ruas depois de sair do trabalho, e algumas vezes aparecia em casa.

Quando minha família voltava do Nordeste como retirantes ao avesso, somente Célia nos ofereceu abrigo e nos aceitou. No tempo em que morei na casa de Célia, não raras vezes ela trazia gente das ruas para morar em sua casa, pois ouvira dizer que em Cuba havia famílias comunitárias de pessoas que ainda acreditavam na utopia em que ela acreditava.

Também seguia o exemplo de sua mãe que, inspirada em Iemanjá, criava as crianças vindas de fora e também dizia que fazia isso, acreditava nestas sociedades, assim como nas indígenas, nas quais todos criavam os filhos de todos do mesmo clã, assim como também faziam os iorubás para resistir à escravidão e manter sua civilização, pois Célia não negou em nenhum momento, apesar de ter perdido seu sonho, que pertencia a estas civilizações africanas das quais a maior parte dos brasileiros descende.

As crianças vindas de fora continuavam, assim, a ser cuidadas, e os filhos da exclusão continuavam a ser alimentados. De qualquer forma, Célia lutava contra o vício em nome de seus filhos e mãe, contudo se afundava em vícios ainda piores até que conheceu o crack.

Desesperada, Célia, viciada em crack, lutava contra o próprio vício e os dos outros companheiros de tragédia e vício, fazendo doces e salgados e levando até a favela para alimentar aqueles que se viam totalmente possuídos pelo desejo de consumir a droga e nem se alimentavam mais, pois ouvira falar que o aumento da taxa de glicose no organismo faz com que se resista à vontade de utilizar a droga nestes que se encontram neste estágio.

Célia não sabia, mas dizem que o crack tem a estrutura genética da melanina e, por isso, tem um efeito mais devastador ainda sobre a população negra.

Um dia, porém, Célia se envolveu em uma confusão que quase lhe custou a vida. Em desespero, decidiu participar de um processo de desintoxicação e recuperação, e foi para uma clínica. Célia ficou quase dois anos interna e, poucos meses depois de sair, sua mãe morreu e lhe deixou como dever cuidar de sua neta.

Célia lembrou de tudo o que houvera passado, e o dever de cuidar de sua linhagem, de uma representante de sua civilização, se fez maior. Por 12 anos depois disso, ela nunca mais se drogou, o que foi de encontro justamente com a eleição daquele operário pelo qual ela militava para presidente e a esperança de que a utopia em que ela acredita um dia se torne real com condições mais justas e combate à desigualdade na nação que adotou seus ancestrais africanos que resistiam à escravidão.

Ancestrais que vivem na memória de todos nós, descendentes de africanos, em nossas famílias, de crianças de fora ou não, na esperança desta grande nação diaspórica, formada por estas matriarcas que jamais devemos esquecer e apagar de nossas memórias.

Este é um dos exemplos que me fazem sentir orgulho de minha afrodescendência e seus valores civilizatórios, como a ancestralidade. E reafirmando-a, ao contrário de venerados autores de nossa sociedade, que a negavam e se envergonhavam de suas ancestrais negras, mas só puderam fazer o que fizeram pela literatura por serem negros, digo:

Não tive filhos, mas mais importante que filhos são os que entenderem que nestas obras venero meus ancestrais africanos, que me deixaram o legado da glória de nossa condição humana, construída a partir dos sonhos de todos os homens (que foi o sonho que Célia reencontrou por causa dos valores civilizatórios do mito de suas ancestrais africanas), sonhos estes que, mais que divinos, em diversas e divergentes religiões, nos igualam a todos os homens em suas crenças e descrenças na mesma e única gloriosa condição humana de que fala nossa ancestralidade.

Odo Iya Yemoja. awa omode o ni

O mito de Xangô na civilização iorubá a partir de seus orikis

Introdução

Falar do mito de Xangô na civilização iorubá talvez seja um pouco como falar em Zeus na mitologia grega, Júpiter na mitologia romana, ou mesmo Odin entre os vikings, sobretudo se nos ativermos ao conceito do que ele representa para o Reino de Oyó e o que este reino representa para a civilização iorubá e para a diáspora.

Oyó incorporou e manteve relações de vassalagem e de associação com diversos outros reinos cidades-estado iorubás (e não iorubás), tornando se o maior reino iorubá. A própria palavra iorubá, que designa todo o conjunto de povos que conhecemos na diáspora como sendo nagôs, vem de uma referência direta aos habitantes do reino de Oyó.

Como não poderia deixar de se reproduzir no mito de Xangô, temos na lenda abaixo, da região de Savé (no atual Benim), um exemplo simbólico desta expansão de Oyó sobre outros reinos africanos, iorubás ou não, na figura de Xangô.

A lenda, extraída da coletânea de Pierre Verger, diz o seguinte:

> Certo dia Xangô se transformou em um menino pequeno e foi ver o rei [...]. Disse-lhe que lhe cedesse o lugar, pois o rei era ele. O rei [...] perguntou quem era aquele menininho que o incomodava [e] ordenou a seus servidores que o matassem [...] Levaram-no e, daí a pouco, os servidores voltaram. Antes que eles chegassem à presença do rei, o menino já estava diante do trono. O rei ficou espantado [...] "Ele foi morto pelos homens e agora voltou. Se eu mandar as mulheres matá-lo talvez não volte." O menino [...] pôs se a saltar [...]. As mulheres o perseguiram. Ele viu um grande buraco, saltou por cima

ANTROPOLOGIA DOS ORIXÁS

dele [...] Saltou em uma floresta próxima e encontrou uma árvore [...]. Saltou nela e apareceu [...] pendendo de uma corda, e morreu. As mulheres voltaram e disseram ao rei: "O menininho enforcou-se".

O rei [...] anunciou a todo mundo que iria fazer um sacrifício. [...] Ordenou a seus servidores que cavassem um buraco debaixo do corpo enforcado e que nele jogassem todo o material adquirido, após que a corda deveria ser cortada. O corpo ao cair voltou a ser um menino vivo e todo mundo ficou espantado. O menino declarou que não havia se enforcado (Koso – ko (o)so em iorubá). [...] Surpreendido, [o rei] foi verificar se aquilo era verdade. Ao voltar, o menino estava sentado no trono. O rei ordenou-lhe que cedesse o lugar. O menino recusou-se e disse-lhe que seu nome era Oba Koso (rei que não se enforcou) e que ele comera o rei, tomando o seu lugar. (VERGER, 1999, P 309)

A lenda acima nos traz elementos simbólicos importantes a se observar e que complementam bem o que vimos em mitos anteriores.

a. O fato de os homens que representam a relação de ordem não conseguirem matar o menino que traz em si a desordem, entretanto, as mulheres, que representam esta metade perigosa e a relação com o caos, conseguem, segundo nos mostra Balandier em sua obra.

b. Isto reforça uma relação de poder com o duplo no mito, pois tanto o rei quanto Xangô se relacionam desta forma com o masculino e feminino em sua sucessão ao poder.

c. Reforça também o que vimos em Oxumarê, que em si mesmo se desdobra no masculino e feminino que sustentam a ordem do universo, pois não pode haver controle da ordem do universo se quem rege não tem em si o princípio do caos e da transgressão. Isto pode ajudar a nos explicar que o rei confia nas mulheres, que detêm simbolicamente em si o princípio da transgressão nas sociedades subsaarianas, para combater aquele que representava em si mesmo o transgressor no contexto do mito (Xangô).

d. Temos um exemplo da consolidação do poder a partir daquele que, ao transgredir e estabelecer assim uma nova relação com o poder, e re-explicar e ressignificar este novo poder, se consolida como autoridade, por mostrar que tem em si mesmo tanto o princípio da ordem como o da transgressão e caos (simbolizado pelo enfrentamento com homens e mulheres). Princípios estes necessários para a harmonização das relações e qualidades necessárias aos que se relacionam com o poder em grande parte das sociedades subsaarianas.

Desta forma, ao observarmos estes pontos, vemos uma metáfora da relação soberana que se estabelece entre o reino de Oyó e os outros reinos que mantinham relações de dependência ou vassalagem, a partir da figura de Xangô, que não era senão uma representação deificada do próprio Alafim de Oyó.

Assim, a história do (não) enforcamento de Xangô, a partir desta versão que aparentemente, até hoje, vemos de forma despretensiosa e como se tivesse apenas um significado místico aos que se interessam pela liturgia dos orixás, ganha novos significados e nos ajuda a compreender como se davam relações entre reinos na África Subsaariana, assim como parte do conceito de duplo nas relações de poder entre estes povos e que também tem seus efeitos na diáspora, como veremos na seção seguinte.

ANTROPOLOGIA DOS ORIXÁS

Xangô, os gêmeos, o papel do duplo nas estruturas de poder da África e seus reflexos na Diáspora

Iniciamos aqui a análise dos orikis de Xangô em seu caráter civilizatório. Citando Lépine (2000, 2005), Balandier (1975), Serrano (2003) e Verger (1999), e conforme falamos no item precedente e em seções anteriores, grande parte das relações de poder na África Subsaariana é marcada pelo duplo em suas mais diversas forma e expressões. Uma das expressões mais marcantes deste duplo é simbolizado justamente na figura dos gêmeos, pois, baseando-me nas aulas de Serrano e em textos de Balandier, os gêmeos têm sempre um espaço especial de tratamento nas sociedades de linhagens, como é a maior parte das subsaarianas. Em algumas sociedades, os gêmeos são separados e dizem que por vezes um deles pode ser até mesmo sacrificado. Neste caso, o nascimento de gêmeos pode significar para estas sociedades o desequilíbrio das linhagens pela impossibilidade de determinar relações e o espaço de quem é o mais velho e quem é o caçula. Já outras sociedades, como os iorubás, veem os gêmeos de forma benéfica. Isto deve se dar, muito provavelmente, pelo fato de que gêmeos reforçam, segundo a visão deste povo, a linhagem naquele instante pelo nascimento simultâneo que justamente cria dois mais velhos, dois filhos do meio ou dois caçulas, reforçando a linhagem como um todo.

A questão é que os gêmeos aludem a uma forma simétrica e, assim, igualmente relacionada ao duplo, na qual baseiam-se simbolicamente relações de poder na maior parte da África Subsaariana.

Ao analisarmos os orikis de Xangô, vemos esta relação com os gêmeos e com o duplo nos versos:

168

> Senhor dos gêmeos.
> Sua diversão é carregar uma criança.
> Na cabeça de um oxé ele monta e parte.

Devo explicar que, conforme vemos na maior parte das representações de oxés de Xangô, sobretudo na África, eles são sustentados por dois gêmeos em sua base ou um homem simetricamente posicionado na base. O que alude diretamente à sua relação com o duplo, seja na figura dos gêmeos, ou na questão da simetria dos lados do machado.

Como vimos anteriormente, segundo falou Serrano (2003) em suas aulas, geralmente a simetria está ligada a relações harmônicas e espirituais, e a assimetria, a relações de poder que podemos sugerir que, trazendo em si algum grau de opressão, são por si próprias assimétricas.

O oxé de Xangô ao mesmo tempo em que traz seus gêmeos e sua simetria, não pode ter, segundo estas características, no imaginário do povo iorubá outro significado senão relações de poder (por se tratar do Alafim Xangô) que se estabelecem de forma harmônica justamente por trazerem em si um significado espiritual e místico (pois não podemos esquecer que Xangô foi um dos Alafins deificados).

Outro Alafim deificado teria sido Oraniã (Oranyian), o avô de Xangô, que também tem sua relação simbólica com o duplo em sua representação de um homem simetricamente meio negro e meio branco.

Contudo, a questão simbólica do duplo, tanto no mito de Xangô como no de Oraniã, vem legitimar também alianças entre reinos e povos diferentes. De um lado, o povo invasor ou que por algum outro motivo, como alianças, é o elemento novo, e de outro lado o povo autóctone, representando em si mesmos esta relação dupla de poder. No caso, Oraniã, que era meio baribá (elemento novo) e meio iorubá (autóctone), e Xangô que, por ser descendente de Oraniã, era meio baribá e meio iorubá, e, por origem materna, filho de uma rainha nupe (tapa) que traz elementos da corte nupe para Oyó.

Estas alianças que traziam elementos novos para a corte de Oyó e, consequentemente, figuras e estruturas novas no poder, tinham que se harmonizar com estruturas antigas. Este fato se refletia diretamente na criação mítica e simbólica das divindades e objetos de culto, o que também pode nos ajudar a explicar a presença do duplo tanto no simbolismo de Oraniã quanto de Xangô. Podemos concluir que estes simbolismos do duplo nestes mitos, por sua vez, também são assim reflexos do equilíbrio que deve se estabelecer entre as estruturas de poder dos autóctones e os elementos novos dos invasores.

Há, porém, um outro fato que nos explica isto dentro do próprio reino de Oyó e em outros reinos iorubás. Lemos nos mitos de Nanã e Obaluaê, sobre o culto do Onilé (senhor da terra), que este existia anteriormente à chegada de Odudua em Ilê Ifé (o invasor e elemento novo naquele momento), e que Nanã e Obaluaê já eram cultuados em toda a região que vai atualmente do Burkina Faso ao Níger, sob diferentes denominações. Com o advento de Odudua, foi introduzido o culto a Olorum (senhor do céu).

Neste contexto, são criadas sociedades de culto ao Onilé (senhor da terra) que, por sua vez, tornam-se um elemento de resistência dos antigos hábitos dos povos autóctones. Estas sociedades passam a dividir o poder e funções legais e administrativas com as sociedades ligadas à realeza que legitimava o poder do Olorum (senhor do céu) e, por sua vez, a relação dos soberanos com o ancestral mítico (Odudua ou Oraniã no caso de Oyó).

Em Oyó, como na maior parte dos reinos iorubás, o culto ao Onilé, referente à resistência autóctone e integrado por chefes de setores da sociedade que representavam estes autóctones puramente iorubás (ou mesmo anteriores a estes), é regido pela sociedade Ogboni. Já o culto a Olorum (referente à corte do Alafim que faz alianças com elementos novos) se relaciona a sacerdotes vinculados ao conselho do Oyomesi (que escolhe e legitima o poder do Alafim). Desta forma, havia em Oyó um poder que dividia funções administrativas entre estas duas estruturas, necessitando, portanto, que o equilíbrio entre elas fosse representado de alguma forma.

Esse poder duplo só poderia ser representado por alguém que tivesse igualmente em sua carga simbólica o conceito do duplo. Oraniã, com seu corpo simetricamente dividido em preto e branco, e Xangô, que em seu oxé traz os gêmeos e a simetria, são mitos que simbolicamente caracterizam a harmonia entre estes dois poderes.

O oxé de Xangô, que por um lado representa o poder da sociedade Ogboni em Oyó e, por outro, o do Oyomesi, é equilibrado em seu centro por Xangô, que é o Alafim, e tem nos lados duas figuras humanas, cada uma representando um dos gêmeos (o que talvez nos ajude a explicar por que os gêmeos são sinal de bom agouro para os iorubás).

Este oxé, neste mesmo contexto, representa o equilíbrio da sociedade Ogboni dos autóctones (iorubás no caso de Oyó) que resistem em suas tradições e ao mesmo tempo incorporam novos elementos das cortes dos povos com os quais fazem alianças (baribás e nupes no caso de Oyó), ou invasores no caso de outras sociedades. O oxé representa assim, em sua simetria e gemelaridade, o equilíbrio que há entre os elementos tradicionais e elementos novos. Assim como também representa o movimento de resistência dos elementos tradicionais que incorporam e ressignificam elementos novos, dando um sentido de transformação destas sociedades subsaarianas. Como nos

ANTROPOLOGIA DOS ORIXÁS

ratifica Balandier em sua obra, vemos neste mais um exemplo de que não é por serem tradicionais que estas sociedades subsaarianas não se transformam e não criam um sentido de historicidade, e não têm por isso uma dinâmica de transformação social. A obra de Balandier e este exemplo questionam o que pensavam muitos antropólogos deterministas do início do século XX (como o próprio Lévi Strauss) sobre as sociedades "primitivas" e tradicionais, ao classificá-las como a-históricas. Sem dúvida, esta classificação, mesmo que não diretamente proposital, servia e era conveniente aos propósitos coloniais e, por que não dizer, ainda servem aos propósitos neocolonizadores e ocidentalizantes do capital e da padronização de uma sociedade de consumo, conforme nos inspira a afirmar Dilma de Mello Silva (2007) a partir de sua obra sobre a experiência vivida com os bijagós na Guiné-Bissau.

Resistir, manter o tradicional e, ao mesmo tempo, acolher, assimilar e ressignificar o novo, este é um processo que guia a transformação e dá um sentido de historicidade a muitas sociedades subsaarianas tradicionais, tidas como "primitivas" em um sentido pejorativo, e que temos na própria diáspora. Este movimento de transformação que vemos nestas sociedades pode querer também dizer muito de nós mesmos na diáspora, em nossas dinâmicas de transformação de nossa sociedade brasileira (e mesmo latino-americana, nos países onde ocorreu a diáspora africana), sobretudo no que ela se diferencia da europeia em relação à manutenção de suas tradições.

Sem dúvida os europeus (e falo também por experiência própria) são muito mais resistentes ao acolhimento, assimilação e ressignificação das alteridades e do novo do que nós no Brasil e estas sociedades africanas tradicionais. Vemos exemplo claro disto quando comparamos as diferenças no tratamento e acolhimento que nós e eles demos e damos à maior parte

172

dos nossos imigrantes estrangeiros através da história, dos últimos séculos até os dias de hoje. Isto, independentemente da suposta origem que dizemos ter, nos aproxima, ao menos neste aspecto marcadamente presente em nossa cultura, muito mais destas sociedades subsaarianas "primitivas", que muitos de nós insistimos em esconder, do que das europeias, que grande parte de nós insistimos em ressaltar em nossas origens. O mais importante, de qualquer forma, é que essa característica é um traço que inegavelmente, por ser comum ao nosso espírito nacional, nos une como povo independentemente de nossa cor de pele ou supostas origens europeias presentes em nossos sobrenomes.

Para ajudar a ratificar isso em um processo histórico da diáspora no Brasil, podemos voltar ao simbolismo do oxé de Xangô, e do próprio Xangô no conceito de resistência de elementos tradicionais e assimilação e ressignificação de novos elementos nesta nossa diáspora.

Segundo nos mostram os estudos sobre os candomblés da Bahia, a maioria deles se relaciona diretamente a irmandades cristãs, e um deles, o que eu frequento em Salvador e que é dedicado a Xangô, inclusive, mantém uma cruz em seus domínios e se chama originalmente Sociedade da Cruz Santa do Ilê Axé de Opô Afonjá. Analisando a cruz e o oxé, Cristo e Xangô, vemos que, segundo a leitura simbólica dentro da dinâmica das sociedades subsaarianas, como a iorubá, os dois carregam em si significados simbólicos similares, e remetem a relações duplas de poder em três aspectos:

a. Tanto a cruz quanto o oxé são simétricos e têm as relações de poder do duplo assim relacionadas ao equilíbrio ou harmonia dos poderes, promovido no plano espiritual, que é o que a simetria significa no universo da maior parte das sociedades subsaarianas.

ANTROPOLOGIA DOS ORIXÁS

b. Tanto o oxé (em algumas representações) quanto a cruz, simetricamente divididos, têm uma figura humana localizada no seu centro, o que remete novamente ao duplo através da simetria.

c. Tanto Xangô como Cristo têm aspectos, não sexualmente, mas aparentemente andróginos. Pois na leitura dos povos subsaarianos, ao mesmo tempo que no oriki de Xangô ele "trança os cabelos como uma moça", Cristo tem os cabelos longos "como os de uma moça". Isso nos remete novamente ao conceito de duplo (no caso entre o masculino e o feminino) que os mitos e símbolos ligados ao poder portam em si em grande parte das tradições dos povos subsaarianos, conforme nos fala Balandier.

A partir disto, se analisarmos as relações dos escravizados com as irmandades cristãs, vemos que, segundo a visão da Igreja na época, muitas somente serviam aparentemente de fachada para acobertar os cultos tradicionais de resistência dos africanos. Contudo, se levarmos em conta que os elementos simbólicos que aquela cruz e aquele Cristo representavam se aproximavam em significado para os africanos, como sendo relações de poder entre o tradicional e o novo que deveriam novamente se harmonizar e ressignificar a partir de seu significado espiritual, poderemos entender mais facilmente certas coisas como por exemplo:

a) A criação do candomblé tal qual é no Brasil:

A religião muitas vezes traz novos significados e símbolos e a divisão em nações é um fato que nasce no Brasil. O próprio nome candomblé nasce no Brasil (pois na África o culto aos orixás é chamado de *Ilé Òrìsà*) e supostamente nem vem do iorubá, mas de outra língua de raiz banta e quer dizer *kando bele*, bater tambor. O panteão de orixás, tal qual o conhecemos no Brasil, é algo que nasce nas senzalas, pois, na maioria das cidades africanas, cultuam-se em média normalmente cinco ou seis orixás somente por cidade, e todos se alinham em hierarquia com o orixá ou divindade relacionada ao ancestral mítico daquela cidade. Isto não acontece no Brasil. Por isso, apesar do candomblé ser a expressão mais próxima da pureza africana, ela é uma expressão brasileira, mas que mantém o espírito africano iorubá da resistência de elementos tradicionais (no culto aos orixás), incorporação e ressignificação de elementos novos como as nações e o panteão tal qual ele o é na diáspora.

b) O sucesso da aceitação do sincretismo entre os escravizados:
O sincretismo significa, em certa medida, a manutenção de uma tradição e a aceitação e incorporação de elementos novos.

c) A criação da umbanda:
Ocorre em um segundo movimento de assimilação e ressignificação, no qual a tradição inicial que resiste é quem promove e possibilita este movimento. A tradição que resiste, no caso, é representada pela centralidade que ocupa o panteão de orixás africanos no contexto litúrgico da umbanda. Já o elemento novo vem da incorporação de personagens que nossa elite cultural conhece somente a partir das leituras de Guimarães Rosa e Jorge Amado, alguns outros autores românticos e modernistas da segunda fase, que geralmente são leituras obrigatórias quando os estudantes vão fazer exames. Estes elementos novos da nova terra são:

- Os caboclos, que remetem aos rituais da pajelança.
- Os pretos-velhos, que não são da nova terra mas remetem aos cultos aos ancestrais próprios de regiões bantas; geralmente, a maioria destes pretos-velhos se denominam como sendo do Congo ou de Angola, poucos da região da

Guiné. A maioria deles se diz católica e geralmente carrega terços e símbolos que aludem a deuses da natureza como os inquices, já indicando um processo anterior de assimilação do novo em um Congo que assimilou o cristianismo desde o século XVI.

- Os boiadeiros, que simbolizam em nosso processo histórico muito do nosso processo de mestiçagem na colonização do interior de nosso país.
- Os ciganos, que não podemos esquecer que estavam entre os primeiros desterrados para o Brasil. Há comunidades ciganas no recôncavo baiano que remontam ao século XVI e vieram com os primeiros desterrados, e por isso têm com nossa nação uma relação ancestral, o que legitima o fato de que sejam assimilados pela umbanda, assim como todos os demais anteriores.

Há outros grupos, como os baianos e baianas, que eventualmente não poderiam deixar de faltar, uma vez que o foco da diáspora iorubá é a Bahia, e que aparecem, muita vezes, como mestiços.

***

Em geral, podemos notar na umbanda elementos fortes tanto de nossa mestiçagem quanto de nossos elementos ancestrais que nos constituem como povo e que compõem esta mestiçagem. Ora, ancestralidade e mestiçagem não deixam de ser expressões que recriam esta dinâmica de transformação social africana que vemos desde o reino de Oyó em Xangô e em seu simbolismo de relação com o duplo. A relação com a ancestralidade representa a resistência da sociedade tradicional e, no caso de Oyó, autóctone, e a mestiçagem, a incorporação do novo que, ao se misturar, também se ressignifica e forma o que nós somos. Por isso, temos a tendência de dizer que a umbanda é a única religião puramente brasileira, por representar este nosso espírito com fidelidade.

O que não podemos esquecer é que, se vemos estas características em nosso espírito, é que na verdade esse processo no espírito coletivo brasileiro, que nos faz acolher, aceitar e ressignificar o novo, tem inegavelmente suas origens em nossos ancestrais da África Subsaariana.

Dessa forma, inspirado pela obra de Dilma de Melo Silva e Maria Cecília Calaça (2006), pela vivência pessoal e minha própria ascendência africana, não posso deixar de afirmar que perdemos muito em não desenvolvermos uma visão própria sobre estes povos nossos ancestrais africanos, que vemos pelos olhos dos que os têm como exóticos. Isso se dá sobretudo porque esta visão geralmente, como o faz na própria África, marginaliza o tradicional e "primitivo". Dessa forma, o ciclo de transformação destas sociedades subsaarianas, como a iorubá, que necessita manter sua base tradicional para assimilar e ressignificar o novo, se vê violado, desmantelado e destruído. Isto pode explicar muito do fracasso das instituições administrativas africanas que se afastam de seu ciclo natural de transformação, recusando a própria natureza por acreditar que esta seja um atraso e buscando modelos europeus que representem esta sociedade de consumo ocidental e "desenvolvida" (o que nós na diáspora também temos que refletir se não o fazemos, sobretudo a partir da elite do nosso meio acadêmico, que ainda reluta em ao menos reconhecer esta origem em nós, a começar por si mesma).

Da mesma forma, ao não reconhecermos nossas origens nestas sociedades "primitivas" (sobretudo nós do meio acadêmico brasileiro), deixamos de ser autenticamente nós mesmos, abrindo espaço para a fragmentação social e identitária que afasta nossa sociedade, não somente do ideal de igualdade, mas também da sustentabilidade econômica, pois o que observamos a partir dos países desenvolvidos que tentamos imitar, e do que vivemos hoje, é que dificilmente sociedades que não apostem no fim de grandes disparidades poderão se tornar realmente sustentáveis economicamente. Apesar de concordarmos e acharmos lindo quando um antropólogo francês fala, em famoso e bem reputado documentário, sobre nossa matriz afro, que " somente estas sociedades primitivas poderão salvar o homem contemporâneo". Sociedades estas que, para ele, são tão exóticas e que, apesar de terem ajudado a nos formarmos, vemos igualmente como sendo exóticas.

Onde estão perdidos os nossos gêmeos, senhor dos gêmeos?
Onde está nosso oxé, senhor do oxé?
Gêmeos e oxé que trarão equilíbrio e igualdade para nossa nação nesta diáspora?
Diga-nos, pai Xangô.
Precisamos reencontrá-los em nossos antepassados da mãe África,
Ancestrais que, mesmo quando não podemos encontrar na origem de sangue ou na cor da pele,
Não podemos negar em nossa expressão,
Por mais que queiramos escondê-los,
Assim como outrora nossos orixás se escondiam atrás dos santos,
E que não deixavam por isso de ser nossos deuses e ancestrais das terras de que viemos nesta diáspora.
Pai Xangô, permita que não escondamos mais nossas verdadeiras faces de nós mesmos.

Xangô e a relação com os islâmicos e cristãos

Neste item discorreremos, a partir de versos de orikis de Xangô da África, sobre a relação da religião tradicional iorubá com outras tradições religiosas como o islã e o cristianismo. Para entender a relação com o cristianismo, necessitamos em primeiro lugar falar da relação com o islã.

Segundo o que dizem alguns estudiosos, o mito da relação do próprio Odudua com o rei de Meca e a fuga dele da Arábia, passando pela Núbia e se estabelecendo em terras iorubás, é um mito construído. Independentemente do posicionamento destes estudiosos e dos que sustentam a veracidade deste mito, o que não podemos esquecer é que ele representa, de qualquer forma, uma relação entre o islã e a religião tradicional iorubá.

Na tradução do inglês de uma série de odus de Ifá, dentro da obra *Ifa divination poetry*, de Wande Abimbola (1977), confirmamos em Otura Meji esta relação, pois este odu trata justamente da penetração do islã em terras iorubás em determinados trechos.

Vemos nos orikis de Xangô alguns vestígios desta relação quando ouvimos os versos:

Ele realiza a cerimônia para o muçulmano.
Ele batiza novamente o muçulmano.
Ele faz a ablução no lugar onde cai a chuva.
Ele sobe no pilão para fazer a ablução
dos muçulmanos.

Prandi (2001), em sua memorável coletânea *Mitologia dos orixás*, traz algumas lendas que falam da relação de Xangô com os malês. Uma delas fala de uma guerra entre Xangô e os malês, e o fato de Xangô deixar de comer carne de porco em respeito aos malês.

ANTROPOLOGIA DOS ORIXÁS

Ouvi já referências a lendas parecidas de pessoas na diáspora. Anos atrás, estive no Afonjá, onde fui visitar a saudosa mãe pequena do Centro, Iyá Georgette, e na ocasião serviam carne de porco a partir de um ritual que fora feito para Exu. Fui convidado por ela a partilhar da refeição e recusei por ser alérgico a carne de porco. Iyá Georgette me disse que, se isto ocorria, é por que eu tinha sangue de Alapini e que não poderia comer carne de porco nem beber álcool por causa disso, pois Xangô me proibia pela minha ancestralidade. Pedi mais detalhes e ela me contou a seguinte versão da lenda:

> Xangô queria a paz (e o respeito) com os malês, por isso deixou de comer carne de porco para mostrar que respeitava a tradição deste povo. Mandava até mesmo um dos seus sacerdotes do culto dos ancestrais e de seu conselho (o Alapini, que é do conselho do Oyomesi) para rezar com os malês (muçulmanos) na tradição destes e celebrar a paz conseguida, sendo que este sacerdote também, como Xangô, deveria evitar a carne de porco, assim como seus descendentes.

Iyá Georgette não sabia, mas, seja por afinidade ou raiz ancestral, descendo de família de Alapini do reino de Oyó (seja pelo que falava minha avó da família de meu avô materno, seja pela adoção simbólica de uma família africana que também descendia de linhagens Alapinis de Oyó, da qual, de estranho, passei a parente por afinidade). Depois desta lenda, me interessei em estudar mais sobre o islã e as tradições muçulmanas.

Origem familiar à parte, esta lenda explica e dá sentido ao que vemos no oriki sobre a relação de Xangô com os malês.

Já passando à relação com os cristãos, entendemos melhor, inclusive ao ler sobre a relação do islã com Cristo, descrita sobre-

180

tudo nos versos 7 e 42 a 60 da Sura 3 (a Tribo de Omran) do Alcorão, que o trata como um enviado e de que recomendo a leitura.

No oriki de Xangô, vemos um verso que fala bem disso quando descreve:

Ele pega o domingo com os cristãos.

Vemos até aqui, nos versos de oriki, muito presente o espírito de aculturação e incorporação de elementos novos a partir do tradicional, do qual tratamos no item precedente. Esta visão de tolerância e aceitação da diversidade, talvez ajude a explicar muito do que vemos no Brasil e mais especificamente na Bahia (onde a presença iorubá está mais marcadamente presente).

De qualquer forma, também vemos, na relação de Xangô com as alteridades, traços de conflito que podem marcar períodos históricos de resistência quando ouvimos os versos de oriki:

Ele possuía as pessoas antes da chegada dos europeus.
Com seu brado ele persegue o cristão [em uma alusão ao trovão].
Ele mata o europeu sem ser culpado [em uma alusão ao raio].
Ele mata o europeu e destrói seu automóvel [em uma alusão ao raio].

Xangô, a morte e seu código de guerra

Segundo um dos Itã Ifá do odu Oyeku Meji, que vimos no texto sobre Ogum, Xangô também se relaciona com a morte, pois mata através do fogo e do raio.

181

Contudo, como nos conta Salami (1993), entre os iorubás não é bem vista a morte de um filho antes de seu pais, pois desorganiza a ordem natural de evolução das linhagens. Há a crença de que o espírito do filho morto antes dos pais fica vagando e não entra no Orum, o que torna indesejada a morte dos filhos antes da dos pais. Em alusão a isto, vemos o seguinte verso de oriki de Xangô:

Ele mata o pai e põe em cima do filho.

Em relação à morte, há também a função civilizatória e pedagógica do oriki quando adverte no seguinte verso:

Afastar-se da cobra cuja cabeça ainda não se cortou.

Além da relação com a morte, vemos nos orikis de Xangô uma relação direta com um código de guerra. Vemos isto claramente ao ouvirmos o verso de oriki:

Ele sente péna do pai de seis filhos e deixa um deles vivo.

Ao recomendar que um dos filhos de uma determinada linhagem permaneça vivo, dentro de uma comunidade com a qual foi travado um conflito, permite que aquela linhagem se recomponha e que aquela estrutura dentro do conjunto de linhagens que formam esta comunidade se reconstitua, pois, como sabemos, determinados ofícios são domínio específico de certas linhagens na maioria das sociedades subsaarianas.

Vemos também, em outro verso de oriki a seguir, uma função pedagógica em relação à guerra, e notamos que se constitui em uma verdadeira instrução:

Aquele que foi à guerra e usa a roupa do ancestral leproso se lavará com uma infusão de folhas.

Já o verso: "Ele faz voto de longa vida a todos os guerreiros", mostra claramente a relação de Xangô com a guerra.

Assim como o verso de oriki: "Tendo fechado a porta com uma perna, ele luta contra a cidade inteira", também vai no mesmo sentido.

Xangô e o mentiroso como transgressor moral

Conforme já tratamos anteriormente, o mentiroso, na sociedade iorubá como em grande parte das sociedades subsaarianas, é um transgressor moral.

Isto se explica pelo fato de estas sociedades se basearem na tradição oral, onde a palavra assume valor documental, e a mentira ameaça, dessa forma, o bom andamento das relações, sejam elas comerciais ou as demais relações sociais.

O mito de Xangô assume uma função pedagógica dentro de sua função civilizatória ao condenar a mentira e ratificar o papel de mentiroso como transgressor moral na sociedade iorubá. Vemos exemplos disto em abundância em versos de seus orikis, de que cito alguns abaixo para que percebam esta função pedagógica que o mito de Xangô assume em perseguir o mentiroso que, sem dúvida, se torna um transgressor moral nesta sociedade por ameaçar a harmonia em suas relações internas e com o exterior:

Ele fende secamente o muro do mentiroso.
Ele mata o mentiroso e enfia o seu dedo no olho dele.
Ele olha brutalmente de soslaio o mentiroso.

> Meu senhor que faz fugir aquele que tem razão.
> O mentiroso foge antes mesmo que ele lhe dirija
> a palavra.
> Ele se recusa a aceitar a oferenda do mentiroso.
> Se ele se encarregar das oferendas, o mentiroso não
> as trará.
> Ele prefere aquele que diz a verdade a aquele que
> a recusa.
> O mentiroso foge antes mesmo que ele fale.
> Ele toca fogo na casa do mentiroso.
> Ele entra por detrás na casa do mentiroso, o
> mentiroso foge, Xangô corre atrás dele.

Vemos também que o mentiroso como transgressor moral não é uma exclusividade dos iorubás. Ao lermos *Tradição viva* de Hampâté Bâ (2010), entendemos melhor como funciona esta dinâmica entre os povos subsaarianos, sobretudo da região da Guiné.

Código moral de Xangô

Talvez o aspecto mais importante do mito de Xangô seja sua função pedagógica e, mais precisamente, o que encontramos como se estabelecendo como um verdadeiro código moral.

Vemos traços fortemente marcados deste código moral em versos de todos os orikis dedicados a Xangô, que mostram muito do sistema de racionalidade, além do sistema moral e de crenças. Podemos até arriscar dizer que muitos destes versos dialogam de alguma forma com o código moral dos malês e de outros povos vizinhos islamizados, estes baseados em aspectos legalistas do Alcorão. Podemos chegar a esta conclusão pelos aspectos que se aproximam das características do legalismo corânico em grande parte dos versos de oriki de Xangô que veremos a seguir.

Ao encontrar aspectos deste código moral nestes elementos da oralidade iorubá, desmistificamos o que muitos de nós temos em nosso imaginário de que as religiões de raiz africana não possam constituir nenhum código ético ou sistema moral. Aliás, se isto acontece, serve a interesses que não são nossos em nosso resgate identitário, pois vemos muito de nós, mesmos enquanto brasileiros, neste código.

Vemos uma relação de imposição de respeito a partir deste código moral, baseado em um sistema de racionalidade, nos seguintes versos:

Se um antílope entrar na casa a cabra sentirá medo.
Se Xangô entrar na casa,
Todos os orixás sentirão medo.

Este código moral também se relaciona com a palavra correta (sobretudo em um contexto de sociedade oral, onde esta palavra assume caráter documental), com a imparcialidade e o senso de justiça. Ao fazermos as imagens dos versos oriki abaixo, poderemos perceber a função pedagógica destes elementos do mito claramente:

Não se pode pronunciar uma imprecação qualquer contra um cachorro qualquer para que ele morra.
Ele é imparcial.
Sua palavra torna-se bem-estar.
Pai que afirma o que é justo,
Que não digamos coisas estúpidas.
Não me culpe, que minha palavra seja correta.
Senhor do conhecimento, olho brilhante,

Ele mata aquele que exagera e fecha sua porta.
Alguém que não é inteligente, que não pensa
em nada.

Em seu código moral, Xangô também vem a estabelecer relações de confiança com os líderes da linhagem, assim como ele se posiciona, colocando mais uma vez sua função pedagógica. Vemos isto claramente nos versos de oriki:

O cachorro possuído por alguém permanece na casa
do dono e não conhece suas intenções,
O carneiro não conhece as intenções de quem lhe dá
farelo para comer,
Da mesma forma nós caminhamos com Xangô e não
conhecemos suas intenções.
Quem é apressado não será levado hoje à presença
de Olukoso.
Meu coração não está perdido, partirei com Xangô,
Rei que se apodera deste e daquele,
É difícil estar em sua companhia.
Ele diz que para o proprietário, tudo acabou.
Ogum e Xangô não revelam fundamento algum.
Ele enfrenta aquilo que nos mete medo,
Ele derrama todo mundo na forja,
Meu senhor a forja torna-se leito dos grandes.
O que fazemos no mundo não passa de fumaça, o fogo
está com Xangô, o ancestral.
Àquele que respeita o segredo, meu senhor facilitará
as coisas.
Com Xangô não se brinca.
Um amigo fiel é raro.

> Orgulhoso lavrador, que usa um turbante ao voltar
> da roça,
> Ele reúne as pessoas mesmo sem ter álcool.
> Com mão comprida tira seu filho da armadilha.

Ao estabelecer estas relações de confiança com o líder, representado por Xangô no conjunto de seu código moral, também incita a que se estabeleçam relações de confiança entre as pessoas da comunidade, entre a linhagens, o que consolida uma estrutura social, e dita relações entre diferentes corpos sociais de uma comunidade.

Por falar em comunidade, vemos no código moral de Xangô, a partir de alguns versos de oriki, o sentido do bem público e o respeito e cuidado que se deve ter pelo que é de toda a comunidade. Percebemos isto nos versos:

> Não existe ninguém que possa destruir minha boa
> fortuna [destino],
> Não destruir minha boa fortuna, minha boa fortuna a
> você pertence.

Para entendermos melhor o sentido dos versos acima, devemos nos ater ao fato de que Pierre Verger traduz *ori* (cabeça que determina o destino e que já vimos em detalhe) como *boa fortuna*. Em outras palavras, o verso também fala em "Não destruir o meu destino, meu destino a você pertence". Isto, além do sentido da coisa pública, vai mais além, pois fala do ideal de equilíbrio que deve haver entre os diferentes elementos que constituem uma comunidade, aludindo à importância do papel que os elementos de uma linhagem têm em relação a outros de outras linhagens, para que ela se mantenha.

ANTROPOLOGIA DOS ORIXÁS

Outro fator importante a se explicar dentro do código moral de Xangô é a relação entre riquezas (*ola*) , caráter (*iwá*) e dinheiro (*owo*). No código dos babalaôs, o conceito de iwá (caráter) é realmente muito importante e não há real ola (riqueza) que se forme somente de owo (dinheiro). Toda riqueza é formada também por iwá (caráter e honra). Sem iwá (caráter) não pode haver ola (riqueza) e este conceito no código dos babalaôs está presente também no código moral dos iorubás.

Outros versos mostram fatos curiosos que também aludem a um código moral, ou a um modo de observação da sociedade específico, ou a uma função pedagógica como, por exemplo, quando fazemos as imagens dos versos de oriki:

> Ele pega uma criança teimosa e a amarra como
> um carneiro.
> Meu senhor, que faz marido e mulher lutarem juntos.
> Aprendiz que ao acordar não veio,
> Deverá pagar uma multa.
> A chuva molha o louco sem lavá-lo.
> Ele ri e não grita.

Para concluir esta parte, termino com versos de oriki que me fizeram largar tudo para lutar contra a exploração sexual infantil na Bahia, em oferenda a meus ancestrais da corte do reino de Oyó (de Xangô), e que são:

> Alguém que balança os braços com ostentação,
> provoca ciúmes,
> Se uma pessoa importante tem dinheiro,
> provoca ciúmes,
> Se alguém faz seu pênis funcionar, provoca ciúmes.
> Ele não é como a criança que jamais teve relações,

Ou como alguém que envelheceu.
A vagina que não é suficientemente formada, não pode reunir-se ao pênis.

Inegavelmente civilizatória e pedagógica, a função do mito aqui assume valores contra a pedofilia neste código moral de Xangô. Além disso, nos mostra um claro sistema de racionalidade. Percebemos claramente que, apesar de o termos como primitivo, este código moral é extremamente sofisticado e elaborado.

Isto tudo nos faz refletir que, se vemos instituições e sociedades africanas que se corrompem e degradam, esta degradação está muito longe do que os códigos morais originários da própria África, como este, pregam, e se isto acontece, é muito mais pela influência e o modo como o Ocidente estabelece relações com a África. Por isso, ouso afirmar que o resgate dos códigos ancestrais poderá ajudar muito mais a África a resgatar a dignidade de suas instituições do que sua ocidentalização e cristianização, que serve aos propósitos da imposição da cultura de consumo ocidental.

Gostaria sinceramente de que, a partir disso, reflitamos também sobre nossas instituições na diáspora, por tentarem igualmente querer fazer com que nos adequemos a esta sociedade de consumo ocidental (europeia, branca e cristã) e nos afastemos de códigos morais como este de nossos ancestrais que, dessa forma, igualmente nos constituem, e por isso também se tornam instituições que tendem a se degradar e corromper. Instituições estas que não refletem nossa identidade integral e que, por isso, vemos como se fossem instituições de uma alteridade e não nossas realmente, o que nos torna em parte estrangeiros em nossa própria nação.

Kawo kabiyesi le Oba baba Sango... Iba Baba Sango

O mito de Iansã na civilização iorubá a partir de seus orikis

Iansã-Oyá

Iansã é um dos orixás mais populares no Brasil, o que não ocorre em toda a diáspora. Há várias tentativas para explicar o significado do nome Iansã, porém os dois mais conhecidos são *Iya (o)san* (mãe da noite) e *Iya Mesan* (mãe dos nove, sendo que estes nove podem ser filhos ou céus). Há uma lenda da coletânea de Verger que fala sobre esta provável relação de Iansã com a noite:

> [...] Oxum é a mulher de Xangô.
>
> Oyá já está velha, vai ao encontro de Xangô e [...] Diz que quer se casar com ele . Xangô replica que ela é velha demais.
>
> Ela responde que sabe que é velha, mas que está decidida a desposá-lo.
>
> Xangô diz-lhe então que ela vá buscar seus pertences e volte, e ele se tornará seu marido.
>
> Depois que eles se instalam, Oyá não quer que Xangô saia com outras mulheres. Diz lhe que [...] pertence a ele e morrerá no mesmo dia que ele.
>
> Xangô diz a si mesmo: "A velha que chegou esta noite juntou o amor das outras mulheres em seu coração. É por isso que a chamam de mãe da noite, Iya(o)san. No dia em que Xangô voltou para sua terra, Iansã acompanhou-o. (VERGER, 1999, 389)

Oyá é também o nome do rio Níger, em Oyó. Lépine (1981) nos narra que Iansã na verdade era filha do Laguna (membro da corte de Oyó responsável pelas relações com outros povos) e que se casou com Xangô.

ANTROPOLOGIA DOS ORIXÁS

Iansã é o arquétipo da mulher guerreira, e entendemos muito sobre o papel das sociedades femininas e das mulheres no comércio a partir deste mito. Como nos coloca Balandier (1975), sobre a mulher como metade perigosa e a inversão de papéis entre homens e mulheres, entendemos muito ao estudar o arquétipo deste mito.

Aspectos civilizatórios dos orikis de Iansã

Para melhor entender o mito de Iansã, podemos ver nas imagens de seus orikis muito de seu papel civilizatório, seja na função sociológica ou pedagógica deste mito.

Percebemos elementos sobre a inversão de papéis que as mulheres de uma determinada idade desempenham no imaginário coletivo ao ouvirmos o verso de oriki:

Oyá é a única que pode agarrar os chifres de búfalo.

Este verso também alude a uma lenda na qual Iansã se vestia de animal para caçar e alimentar seus nove filhos.

Outros versos que aludem a este status de poder feminino são:

Mulher corajosa que carrega uma espada,
Ela é chefe durante o dia.

Este último nos fala do poder feminino desempenhado pelas vendedoras do mercado e sua chefe (a ialodê).

Outro fator importante a se ressaltar é o papel do mentiroso como transgressor moral, que também percebemos muito fortemente marcados nos orikis de Oyá, quando fala:

Os daomeanos são mentirosos, não têm em casa um
talismã como o de Oyá.
Com o polegar ela estraçalha os intestinos
do mentiroso.
Ela bate a cabeça do mentiroso com toda força.

Contudo, também encontramos fatores civilizatórios nos
orikis de Oyá, como por exemplo quando fazemos as imagens
do verso:

Não ande ao sol, ao entardecer volte para casa.

Vemos neste verso uma clara prevenção intuitiva em relação
ao mosquito da malária que costuma atacar mais incidentemen-
te no final da tarde, o que nos mostra uma função claramente
civilizatória deste mito.

Para concluir, vemos outros traços do papel das vendedoras do mercado influenciadas pelo mito de Iansã, nos seguintes versos:

Carregue-me nas costas e não me ponha no chão,
mulher de Xangô.
Quem não sabe que Oyá é mais importante e
poderosa que o marido?
Oyá morre corajosamente com seu marido.

(TAMBÉM EM ALUSÃO À LENDA QUE FALA DA MORTE DE XAN-
GÔ E IANSÃ.)

A heroína africana: o arquétipo da mulher guerreira na civilização iorubá e na nossa sociedade brasileira até os dias atuais

Sem dúvida, os mitos iorubás são mais marcadamente presentes no Brasil no Nordeste, mas têm sua influência também, devido a migrações, nas maiores cidades do Sudeste brasileiro.

Em suas aulas de iorubá, Sikiru Salami (1993) falava da função civilizatória dos orixás. No caso de Iansã, temos a legitimação do papel da ialodê, que era a figura feminina que participava da sociedade Ogboni em Oyó e outras cidades iorubás.

A ialodê era a chefe das vendedoras do mercado e tida por sua posição como uma mulher que tinha o mesmo poder dos chefes masculinos. Para simbolizar seu poder, Iansã aparecia com o papel da guerreira. Outro fator que também legitimava o papel de Iansã como uma heroína era sua ligação com a sobrevivência e o fato das mulheres terem que caçar e guerrear em determinadas ocasiões para sustentar seus filhos.

Verger, em sua coletânea, nos fala de uma lenda que conheci em terreiros de Salvador da seguinte forma:

> Iansã era casada com Xangô, porém tinha nove outros filhos e se disfarçava de búfalo para caçar para alimentar estes outros nove filhos. Xangô descobre e desafia Iansã que, irada, o ataca, e ele a detém com um prato de acarajés que a faz desistir de atacá-lo. (relatado por Mãe Georgette do Ilê Axé Opô Afonjá)

Vemos em outros versos de oriki esta força de Iansã:

Nada de mentiras para ti,
Mulher da caça,
Mulher da guerra,
Oiá encantada, atrevida que vai à morte com
seu marido.
Que espécie de pessoa é Oiá?
Onde ela está o fogo aflora,
Oiá, teus inimigos te viram e espavoridos fugiram.
Temo somente a ti.
Esfrega na terra a testa do mentiroso,
Ativa e altiva Oiá,
Senhora do templo,
Senhora do pensar,
Orixá que abraçou seu amor terra adentro,
Com o dedo tira a tripa do inimigo,
Ligeira mulher guerreira,
Oiá que cuida das crianças,
Grande guerreira,
Mulher suave como o sol que se vai,
Mulher revolta como vendaval,
Dona do vento da vida,
Aquela que luta nas alturas,
Que doma a dor da miséria,
Que doma a dor do vazio,
Que doma a dor da desonra,
Que doma a dor da tristeza,
Bela na briga, altiva Oiá,
Fecha o caminho dos inimigos,
Deusa que fecha as veredas do perigo,
Quem não sabe que Oiá é mais que o marido?
Oiá é mais que o alarido de Xangô.

ANTROPOLOGIA DOS ORIXÁS

Sendo estes últimos versos uma referência à inversão do poder de gênero comum em diversas sociedades africanas subsaarianas, sobretudo depois de uma determinada idade, como nos fala Balandier (1975).

Itã Ifá: Como o mito de Iansã nos alimentou na infância

O que mais desejo ressaltar como sendo importante dentre todos esses mitos de divindades heroínas, é que eles inspiravam comportamentos entre as mulheres iorubás em suas regiões na África e mais fortemente se socializando entre escravos de diferentes cidades-estado ou reinos iorubás durante a diáspora para a América. Até mesmo, ouso dizer que inspiraram e talvez mesmo ainda indiretamente inspirem comportamentos nas brasileiras, mesmo as não negras, independentemente de suas religiões que se espelham em suas ancestrais africanas, por estes mitos estarem ainda presentes no imaginário do nosso povo, sobretudo nas regiões citadas anteriormente.

Ouso dar o próprio exemplo de quem descendo: pelo que tenho de registro, há mais de cinco gerações, minha família tem mulheres com a mesma bravura destas heroínas africanas. Mesmo no meu caso, que já há duas gerações normalmente me colocam no censo como branco, mas que sou descendente de mulheres negras vindas destas senzalas onde eram cultuados estes mitos.

Minha avó, que tinha a pele negra e, diga-se de passagem, era evangélica e não tinha nada em sua educação religiosa da tradição africana, não tinha um comportamento diferente de suas ancestrais africanas que se inspiravam nos mitos de Iansã para trazer comida para seus filhos vestida de búfalo, o que vem a ser uma metáfora para a condição de caçadora e pode ser uma metáfora para sua condição de operária em plenos anos 1940, quando se viu viúva com duas filhas em uma sociedade que dava cada vez menos espaço para a mulher, ainda mais em sua situação.

Outro momento no qual renasceu em minha família a bravura deste mesmo mito, foi no momento em que meu próprio pai não conseguiu mais se recolocar, devido à sua idade, e minha mãe, como grande percentual das famílias brasileiras, assumiu as funções de chefe de família. Somente quando entrei em contato com o universo dos mitos das heroínas africanas é que vim a compreender sua coragem e força, assim como a de muitas mulheres brasileiras, negras ou não, que são chefes de família.

No caso de minha mãe, a influência deste mito torna-se ainda mais evidente, pois ela é ligada à tradição do candomblé, e na época em que morávamos em Salvador e ela teve que desempenhar as funções de chefe de família, abriu um comércio e ofereceu este comércio a Iansã. Devido a isto, seu comércio carregava o nome da orixá justamente na cidade em que há a maior taxa de mulheres chefes de família do Brasil e onde é inegável a influência deste mito, assim como outros, no imaginário coletivo devido à predominância da raiz iorubá nesta região.

Posso dizer, na minha posição masculina, que esse mito, da mulher guerreira, adaptado à operária e chefe de família, segundo a possibilidade de adaptação dos mitos africanos para a realidade atual, conforme nos afirma Antonio Risério (1996), é que foi responsável por nossa subsistência, pelo menos nas duas últimas gerações de minha família. Posso afirmar, assim, que pelo menos nestas gerações Iansã continuou se vestindo de búfalo para caçar e alimentar seus filhos através destas bravas mulheres, independente de suas posições religiosas.

ANTROPOLOGIA DOS ORIXÁS

Ambas, como disse, são e foram mulheres que se colocam na pele de búfalo para trazer comida aos filhos e, se hoje sobrevivemos em minha família a muitas crises e dificuldades, não sei o que teria sido de nós como filhos se não fossem esses mitos inspiradores de heroínas africanas que influenciassem os brasileiros e influenciem nossas mulheres negras ou brancas. È bom ressaltar que essa é uma influência de características bem diferentes da posição submissa das mulheres na tradição clássica, sobretudo a grega (na qual Diana ou as amazonas eram uma realidade distante para atenienses e espartanas), que determinou e ainda determina a posição hegemônica dos homens em nossa sociedade.

Posso dizer, em meu caso particular e talvez no de muitos brasileiros de regiões citadas, que este mito da heroína negra que presenciei e fomentou minha subsistência na infância, está muito mais próximo de meu processo educativo e de constituição como cidadão do que o distante e abstrato conceito da areté grega (adaptação), com que tive contato na minha formação de educador, que cheguei a observar em suas origens e usos na educação ocidental em visitas a países do mar Egeu como na biblioteca do Éfeso (atualmente na Turquia), e que vejo nesta mesma distância histórica.

Não tenho a pretensão de desprezar o mito do herói grego ou clássico, mas, apesar de na minha origem paterna ter ascendências italiana e grega, reafirmo que o mito da heroína africana está muito mais próximo e presente em minha formação educacional do que o mito do herói grego e clássico, apesar de totalmente ignorado pela educação formal.

Em suma, o que desejo evidenciar em meu depoimento é que, ao estudarmos somente os mitos e heróis da antiguidade clássica europeia e ignorarmos assim os mitos e heróis (mas sobretudo heroínas) africanos, estamos inegavelmente nos remetendo a um passado muito mais distante e abstrato, pois os mitos clássicos estão a pelo menos 2000 anos de distância de nossa realidade histórica, e os mitos africanos, além de estarem mais próximos cronologicamente e por isso mais próximos no nosso imaginário nacional, ainda se mantêm vivos em seus cultos, motivo pelo qual, ao invés de serem colocados como tendo somente sua função religiosa, devem ter reconhecida sua função viva e presente no imaginário nacional.

A grande maioria dos brasileiros, independentemente de suas religiões, sobretudo nos estados que citei, têm alguma referência do que são estas heroínas iorubás, graças ao fato de seus cultos religiosos ainda estarem presentes em nossa sociedade, o que não deve invalidar, mas sim reforçar, juntamente com a base ancestral descendente de africanos de grande parte de nossa população, o papel que estes mitos de heroínas ainda exercem no imaginário nacional e o papel que têm na educação e formação de nós brasileiros.

Isto não acontece da mesma forma com o mito do herói grego ou clássico ou os mitos dos deuses helênicos ou romanos, que também tiveram suas origens em bases religiosas, mas que, quando estudamos em educação, estas bases religiosas são dissociadas de sua origem e estudamos somente a partir do seu ponto de vista mitológico.

Contudo, devo colocar que existem diversas diferenças notórias entre as formas dos mitos dos deuses helênicos e do herói clássico, e as dos mitos, heróis e heroínas africanas, como no caso dos iorubás. Cito a mais relevante, que é que, no caso da maioria dos mitos africanos, como os iorubás, estes mitos têm sua origem em um ancestral mítico responsável pela fundação da cidade-estado e, por sua vez, do clã em questão, que por sua vez está ligado a um ancestral mítico que é o ascendente mítico de todos os clãs de uma mesma etnia; o que já não acontece com o herói e o mito dos grandes épicos clássicos, pois neste caso não há necessariamente ligação de suas origens com a ancestralidade dos povos que os cultuavam ou criavam.

Dentro da linha de raciocínio que utilizo até agora neste texto, isto se torna ainda mais relevante para justificar por que particularmente me sinto muito mais próximo ao conceito de defesa da honra da heroína iorubá do que à areté do herói grego. Isto se dá justamente porque, no caso da heroína iorubá, seu mito tem origem direta em nossa ancestralidade mítica africana e pelo fato de que, para a heroína iorubá, este conceito de honra está mais ligado à sobrevivência de seus descendentes, e, a partir disso, a fatores de constituição da civilização africana e, não podemos negar, da brasileira também, devido à diáspora deste povo pelo mundo no período da escravidão.

Devido a tudo isso, defendo a posição de que temos direito ao acesso a nossa plena identidade cultural, independente de interesses de classes ou culturas dominantes que, toda vez que se fala em outras origens que não as europeias ou clássicas, insistem em dar menos importância a estes fatos ou até mesmo não os reconhecer.

Faz-se necessário honrar estas heroínas que são nossas mães, mulheres, educadoras brasileiras, que merecem ter reconhecida sua base mitológica.

Gostaria, acima de tudo, que o reconhecimento da base mitológica africana, pelo menos em nossa educação, possa incentivar, neste país miscigenado, que esta mesma miscigenação seja um fator a mais para que lutemos pelo pleno acesso à nossa identidade cultural integral, ao contrário de justificar aquilo a que o argumento da miscigenação tem servido nos últimos tempos, que é disfarçar as grandes diferenças sociais entre classes.

Este texto quer mostrar, pela defesa de nossas bases míticas e ancestrais africanas, independentemente de nossas cores de pele, que nós brasileiros, justamente por nossa origem mis-cigenada, nós e nossa sociedade, ao utilizarmos o critério de cor de pele para discriminar, ou simplesmente para aceitar a discriminação velada em nosso país, não estamos somente indo contra o princípio de igualdade, o que restringe às vítimas de discriminação o pleno direito de exercício da sua cidadania. Estamos também, dessa forma, incorrendo no erro de negar nossa própria plena identidade e expressão como brasileiros, na qual a matriz africana se faz tão ou até mesmo mais impor-tante que a europeia, e por isso não podemos negligenciar sua base mitológica.

Toda mulher brasileira sabe de quem estamos falando se lhe dissermos que cria seus filhos como uma guerreira africana (mesmo que não aceitem Iansã em suas religiões). Por outro lado, poucos pais brasileiros (pais ou mães) sabem de pronto do que estamos falando se dissermos a eles que criaram seus filhos como o pai romano ou com a areté e honra do herói grego. Esta heroína africana está muito mais presente no nos-so imaginário do que os heróis gregos ou o pai romano. Não podemos negligenciar isto.

Somente desta forma nossas origens africanas ganharão espaço, através do reconhecimento em pé de igualdade das bases mitológicas de nossas raízes africanas e europeias, do espaço do herói e da heroína. E é justamente no campo de base da educação que poderemos começar a combater efetivamente tanto o racismo quanto o sexismo, que se comprovam, através dos dados estatísticos, que, em pleno século XXI, mais de 120 anos depois da abolição da escravatura, ainda se mostram em nosso país.

Eparrey Iya Jeun mi Oyá

O mito de Oxum na civilização iorubá a partir de seus orikis

Oxum na África e na diáspora

O mito de Oxum irradia para o restante das cidades iorubás, assim como para a diáspora, a partir da cidade de Osogbo, na Nigéria. Uma das versões que traz o significado do nome da cidade e que vem do corpo de Odus de Ifá nos diz o seguinte, segundo nos narra Verger:

> A festa anual das oferendas a Oxum [...] é uma reatualização do pacto que o primeiro rei local contraiu com o rio.
>
> Laro, [...] procurando um lugar favorável onde pudesse instalar-se com seu povo, chegou perto do rio Osun [...] um dias mais tarde uma das suas filhas desapareceu nas águas quando se banhava no rio e, passado algum tempo, delas saiu, esplendidamente vestida. Declarou a seus pais que fora admiravelmente recebida e tratada pela divindade que ali morava.
>
> Laro foi fazer oferendas de agradecimento ao rio. Muitos peixes, mensageiros da divindade, em sinal de aceitação, vieram comer o que o rei jogou na água. Um peixe de grande tamanho veio nadar perto do lugar onde ele se encontrava e cuspiu água.
>
> Laro recolheu esta água em uma cabaça e bebeu-a, celebrando assim o pacto de aliança com o rio. Em seguida estendeu as mãos e o grande peixe saltou nelas. Ele assumiu o título de Ataojá, contração da frase ioruba "a lewo gba eja", aquele que estende as mãos e pega o peixe. Ele declarou: "Osun gbo", [...] Osun está em estado de maturidade, suas águas sempre serão abundantes. Daí origina-se o nome da cidade de Osogbo que é dedicada a Osun. "(VERGER, 1981, p. 63-64)

Oxum também é cultuada em diversas outras cidades iorubás, a partir de seu mito irradiado de Osogbo. Segundo diversos mitos, foi mulher de Xangô, Ogum, Oxóssi e Orunmilá, e é mãe de Logum Edé. Na África existem diversas versões dos mitos de associação desta orixá com estes deuses, dependendo da região em que se encontrem e da influência destes orixás no panteão regional. Isto tem reflexos na diáspora, onde Oxum é associada a todos eles.

Na umbanda, no Sudeste brasileiro, Oxum é sincretizada com Nossa Senhora Aparecida, padroeira do Brasil; na Bahia, com Nossa Senhora da Conceição, padroeira da Bahia; em Cuba, com Nossa Senhora da Caridade do Cobre, padroeira de Cuba.

Estes sincretismos que associam Oxum à imagem de padroeira em diversas localidades podem estar muito provavelmente ligados aos seus aspectos ligados à maternidade.

Aspectos civilizatórios dos orikis de Oxum

Existem vários aspectos civilizatórios nos orikis de Oxum. Selecionei abaixo os versos onde isto se evidencia mais marcadamente:

> Ialodê muito gorda que fende as vagas.
> Ialodê cuja pele é muito lisa.

Existe no verso acima uma alusão à figura da ialodê. *Iyalode* em iorubá quer dizer: *Iya* (mãe) *l* (da) *ode* (corte ou praça, em referência ao mercado). A ialodê é a líder das mulheres no mercado e que por isso desempenha papel central nas relações com os homens da sociedade Ogboni e das sociedades ligadas às realezas. Tem um papel de destaque entre as mulheres, por isso e também por sua idade, que a torna, como nos fala Balandier sobre as sociedades subsaarianas, apta a desempenhar papéis de decisão que seriam normalmente masculinos. Oxum também é chamada de ialodê, assim como Iansã. Apesar de serem mitos com características bem diversas, Oxum e Iansã, dentro de suas características próprias, também nos falam de aspectos do poder feminino nas sociedades iorubás, ambas representando esta metade perigosa da qual nos fala Balandier (1975).

Nos versos abaixo, vemos uma referência ao papel que as mulheres têm no desenvolvimento da medicina tradicional, assumindo o papel de sacerdotisas (sobretudo de Oxum):

Ela faz por qualquer um o que o médico não faz.
Orixá que cura doença com água fria.
Se ela cura a criança, ela não apresenta honorários
ao pai.
Mãe, venha a me ajudar a ter um filho.

(Uma alusão à fertilidade neste mito também, e ao que ele implica no prosseguimento da sociedade de linhagens.)

Iyabale faz coisas secretas e faz remédios.
Ela tem remédios gratuitos e dá de beber mel
às crianças.

Já ao construirmos as imagens dos versos a seguir, vemos suas funções de educadora, seja como mãe ou como mulher.

Ela diz à cabeça má para que se torne boa.
Mulher descontente no dia que seu filho briga.
Ela segue aquele que tem filhos sem o deixar.

Ela recusa a falta de respeito.
Ela permanece na galeria da casa e ensina às crianças
as línguas e tudo aquilo que elas não sabem.

(EM UMA ALUSÃO DIRETA AO PAPEL DA MULHER COMO EDU-
CADORA REPRESENTADA POR ESSE MITO.)

Ela desvenda com as pessoas de onde vem a maldade.
A mão da criança é suave.
Oxum é suave.
Dona do cobre, apodera-se tranquilamente das
crianças [por seu conhecimento].
Ela conserta a cabeça má das pessoas.
Com as mãos compridas, ela tira seu filho
da armadilha.
Ela chega e a perturbação se acalma.
Logum Edé, aquele que tem medo não pode tornar-se
uma pessoa importante.

(EM UMA SENTENÇA E INSTRUÇÃO DIRETA A SEUS FILHOS.)

Oxum age com calma.
Minha mãe que cria o jogo de ayo e cria o jogador.

(AYO É O JOGO IORUBANO DA FAMÍLIA DOS JOGOS DE MAN-
CALA OU SEMEADURA.)

O filho entregará o dinheiro em sua mão.
Deixem a criança rodear meu corpo com as mãos,
A mão da criança é suave.
Oxum é suave.

Vemos, no exemplo dos orikis de Oxum acima, referência ao papel da mulher como educadora inspirada por este mito. A função pedagógica aqui é inegável. O papel da mãe, protetora, educadora e heroína, contida no mito, está inegavelmente presente. Podemos inclusive ver nossas mestras e mães na diáspora desempenhando seus papéis de educadoras muito mais presentes neste exemplo e nestas frases de Oxum, do que nos conceitos abstratos e distantes dos heróis gregos ou pais romanos que vemos em nossa formação de educadores no Brasil, mesmo em universidades tidas como de elite da educação.

Além destes fatores que se referem à função pedagógica do mito, podemos perceber claramente a função sociológica que estes corpos sociais de educadoras e mães de família têm ao se formarem nos seios das linhagens.

No templo de Oxum em Osogbo, a função de educar as novas e novos iniciados é das sacerdotisas de Idi Osun (local sagrado do templo de Oxum), e se baseiam muito no que vemos nestes orikis.

Até mesmo no verso "Oxum lava suas joias de cobre e não lava suficientemente seus filhos", vemos uma função pedagógica. Quando estive no Egito, vi um comportamento parecido e que inclusive me lembrou este verso de oriki. Ao perguntar para as camponesas da região de Luxor por que não zelavam e pareciam descuidar de seus filhos, tive a resposta: "Excesso de zelo não educa". Lembrei inclusive dos clássicos sobre educação de Rousseau ao ouvir isto, pois ele defendia de alguma forma esta particularidade nos povos indígenas da América.

Oxum está ligada também, de alguma forma, ao sistema econômico quando alude à acumulação de riquezas e ao próprio fato de economizar, conforme vemos nos versos de oriki abaixo.

Ela cavouca areia para nela guardar dinheiro,

ANTROPOLOGIA DOS ORIXÁS

Ela cavouca a areia para nela recolher dinheiro.

(EM ALUSÃO DIRETA À NECESSIDADE DE ECONOMIZAR.)

Oxum, dona das profundezas da riqueza,
Ela tem muito dinheiro e sua palavra é suave.
Ela se apropria do feriado, ela se apropria da riqueza.
É uma freguesa dos mercadores de cobre.

(POIS O COBRE É QUE ERA O METAL MAIS NOBRE ENTRE OS
IORUBÁS, E NÃO O OURO.)

Ela fica em casa e estende a mão às riquezas.

(EM RELAÇÃO DIRETA COM PROFISSÕES FEMININAS, SOBRETU-
DO LIGADAS AO ARTESANATO, DESENVOLVIDAS NAS CASAS.)

A grande riqueza agrada.
Ela come quiabo caro sem pedir fiado.
Ela dança nas profundezas da riqueza.
Ela é elegante e tem dinheiro para divertir-se.
Ela manda cozinhar sopa de quiabo e não
fica endividada.
Oxum, inclino-me.
Ela é dona do ouro.

Talvez esse domínio de parte do mundo financeiro e sistema
econômico, que alude à própria função das ialodês e vendedoras do mercado, possa explicar, juntamente com o que nos
fala Balandier (1975), sobre momentos de inversão de papéis,
momentos nos quais as mulheres tornam-se realmente a metade perigosa. Nos versos de oriki abaixo, vemos claramente

208

como o mito assume este papel, inspirando este corpo social de vendedoras do mercado e ialodês, que geralmente também se organizavam em sociedades femininas ligadas à magia. Vemos resquício disto nos terreiros de candomblé do Brasil, na diáspora, onde as mulheres desempenham papel importantíssimo, tal qual as ialodês, que, no contexto africano, por serem chefes das mulheres do mercado, tinham acesso a todas as mercadorias necessárias para a confecção das oferendas e os objetos necessários para a magia, assim como nos afirmam Verger e Bastide (1992). Estas mulheres da diáspora das quais descendemos, sem dúvida, são herdeiras destes corpos sociais de vendedoras e sacerdotisas africanas influenciadas por este mito.

Isto se torna bem claro, assim como a importância dos papéis femininos desempenhados por elas, quando vemos os versos de oriki abaixo:

Mãe de Adisa Olosun, não se esqueça de mim.
Não existe lugar onde não se conheça Oxum,
poderosa como o rei.
Ela dança e pega a coroa, ela dança sem pedir.
Se a mulher está no caminho, o homem foge.
Ela recebe o mensageiro do rei sem lhe
prestar reverências.
Ela entra na casa do preguiçoso e este foge.

(EM CLARA MENÇÃO AO PREGUIÇOSO COMO TRANSGRESSOR MORAL, CONFORME VIMOS EM TEXTOS ANTERIORES.)

Desperta e age como alguém famoso.
Ela tem um título e viaja.
É raro uma mulher coroada.
Ela caminha com uma postura altiva.

> Ajoelhem para as mulheres,
> As mulheres são a inteligência da terra.
> O homem não pode fazer nada sem a mulher.
> Um grande poder foi concedido a todas mulheres
> através de ti,
> Não abusem as mulheres deste poder,
> Senão lhes será retirado.

Itã Ifá: Como minha mãe Oxum nos educa ainda hoje na diáspora

Vejo, nas minhas mestras, muito mais do que os pedagogos da Grécia, os heróis de epopeias clássicas ou o pai romano.

Vejo mulheres que ficam na galeria da casa e ensinam para as crianças as línguas que elas não sabem.

Vejo mulheres que querem tornar cabeças ruins e más em cabeças boas.

Que descobrem com as pessoas de onde vêm a maldade e a opressão.

Que nos dizem que, se tivermos medo, dificilmente nos tornaremos pessoas importantes.

Vejo educadoras que seguem aqueles que têm filhos sem os deixar quando educam estas crianças.

Vejo mulheres descontentes nos dias em que seus filhos brigam ou são injustiçados.

Vejo aquelas que, com seu conhecimento de educadoras, tiram seus alunos das armadilhas da ignorância, como se fossem seus próprios filhos.

Vejo mulheres mãe e educadoras que agem com calma, que, pela paixão ao saber, acalmam as perturbações de espírito dos que buscam o conhecimento.

Vejo mulheres que, com sua sabedoria, criam o jogo da vida e através de seus ventres dão à luz os jogadores.

Mulheres que administram lares, pois seus filhos dão o dinheiro em suas mãos dos dois lados desta diáspora.

Mulheres que dizem que a mão da criança é doce e que deixam a criança que jamais morre em nós rodear seu corpo com as mãos.

Mulheres que são a doçura de nossa inteligência.

E além do que vemos em seus versos de oriki, mãe Oxum,

Vejo mulheres que sobretudo recusam a falta de respeito.

O mesmo respeito que buscamos como filhos desta nação e só conseguiremos quando deixarmos de negar nossas verdadeiras origens dos ventres de nossas mães negras da África.

Ore yeyeo Iya Ori mi Osun... Emi nife o Iya Ori mi...
Ife àse wa... Emi Osunfemi ni

O mito de Obatalá na civilização iorubá a partir de seus orikis

Introdução

Obatalá é o chefe do panteão de orixás na diáspora, porém na África se desdobra em uma série de mitos e com lendas diversas em cada uma das cidades onde se apresenta. Muitas vezes está ligado à Origem da criação. Na maioria das cidades sempre há alguma lenda que o relacione a isso. Transcrevo abaixo uma lenda da cidade de Abeokuta presente na obra de Beniste:

[...] quando Obatalá criou a Terra [...] fez a distribuição de todas as partes para todo o povo, cabendo a Ele a região mais árida coberta de pedras. Ali em Abeokutá, ergueu sua fazenda cujo terreno era mais rochedo do que solo fértil para a plantação. Apesar de tudo em contrário, as terras de Obatalá eram as que mais produziam colheitas de todos os tipos. [...]

Esta situação causou um descontentamento entre os demais habitantes , que passaram a invejá-lo e cobiçar suas terras. [...] Passaram a observar os passos de Obatalá e tomaram conhecimento de que ele precisava contratar um escravo. E isso foi feito. Seu nome era Atowodá, que [...] demonstrou ser muito eficiente, dando muita satisfação a Obatalá. Após algum tempo o escravo pediu a Obatalá um pedaço de terra para seu cultivo. [...] Atowodá transformou a terra em boa área de cultivo, construindo ali uma pequena cabana. Isso impressionou Obatalá, que nele depositou toda sua confiança.

[...] Atowodá não tinha bons propósitos. Seu desejo real era matar Obatalá . [...] Observou que no caminho íngreme que levava até a sua cabana havia muitas pedras grandes que poderiam facilmente ser empurradas, causando seu rolamento montanha abaixo para esmagar Obatalá.

Alguns dias mais tarde Obatalá seguia sua caminhada habitual em visita às suas terras. Do topo de uma montanha, Atowodá observava. A habitual roupa branca de Obatalá destacava-se no fundo verde [...] Atowodá [...] deu um empurrão na maior das pedras. A pedra começou a rolar e se dirigiu com toda velocidade para onde estava Obatalá, o qual [...] Foi atingido em cheio e seu corpo partiu-se em muitos pedaços, ficando espalhado por toda parte.

A notícia correu. [...] Exu [...] Seguiu rápido até Abeokutá para verificar o ocorrido. Seguiu depois para o Orum relatando a tragédia a Olodumare, que designou Orunmilá para encontrar as partes do corpo de Obatalá e trazê-las de volta. Orunmilá [...] executou um ritual que tornou possível achar todos os pedaços espalhados do corpo. Ele recolheu numa grande igbá e levou a Iranje, antiga cidade de Obatalá, onde depositou uma porção de pedaços que possibilitou fazê-lo renascer no Orum. O restante espalhou "por todo o mundo", fazendo com que fossem surgindo novas divindades, então denominadas orixá [...] contração da frase "Ohun ti a ri sa" – "O que foi achado e juntado"[...].

Como outras divindades surgidas do corpo de Obatalá passaram a ter seus nomes derivados dele, tornou-se então necessário destacar seu nome como Orisa Nla – O grande orixá – que representa aí a soma de todos os orixás juntos. (BENISTE, 1997, p. 82)

Vemos nesta lenda uma semelhança muito grande com o mito do esquartejamento de Osíris e a distribuição dos pedaços do corpo pelo Egito. Também a reconstituição do corpo de Osíris por Ísis está ligada à gênese dos deuses egípcios. Não podemos dizer que há uma influência direta, contudo podemos dizer que são ambos mitos africanos que conversam entre si através dos séculos.

Aspectos civilizatórios e código moral nos orikis de Obatalá

Existem diversos aspectos civilizatórios presentes nos orikis de Obatalá, e dentre estes aspectos há um verdadeiro código moral que se explicita através dos versos de seus diversos orikis.

Obatalá é tido como o provedor e responsável pela distribuição dos recursos em diversas ocasiões, como por exemplo:

Obatalá, dono da coisa sagrada,
Ele dá a quem tem e toma de quem nada tem.

(EM UMA ALUSÃO AOS IMPOSTOS QUE SE RECOLHEM EM FAVOR DO REI, O QUE NOS FALA ALGO DO SISTEMA ECONÔMICO NESTA CIVILIZAÇÃO.)

Se ele tem o que comer, ele nos dá o que comer.

(EM UMA ALUSÃO AO PAPEL PROVEDOR DESEMPENHADO POR ESTE MITO, O QUE NOS FALA BASTANTE DO PAPEL DOS PATRIARCAS E DA FUNÇÃO SEDENTÁRIA DOS HOMENS COMO AGRICULTORES E CAÇADORES EM CONTRAPOSIÇÃO ÀS MULHERES VENDEDORAS DO MERCADO.)

O dia em que plantamos alegremente o milhete,

ANTROPOLOGIA DOS ORIXÁS

O dia em que protegemos o milhete dos pássaros,
Se retornarmos com o milhete,
Chegaremos a Ifon.

(Nestes versos vemos uma alusão novamente ao papel do trabalho no contexto da agricultura e a ligação deste mito com esta função.)

Nós vestimos as pessoas maltrapilhas,
Fazemos com que a roupa seja abundante.
O que o orixá pega da terra não basta.
A massa de inhame é o pai do segredo.

(Em uma alusão ao alimento como sustento da sociedade e o papel do agricultor.)

Ele pega duzentos punhados de massa e espera para que a criança se satisfaça.
Ele pega mil punhados de massa e mantém-se paciente.

Estes versos acima aludem novamente à função de provedor e sugerem comportamentos para as nobrezas e responsáveis pelos governos das cidades. Em algumas tradições iorubás, o rei deve se vestir da forma mais simples e se torna responsável pela provisão dos recursos para seu povo.

Ele diz que para guerrear pega um pilão.

Uma referência ao trabalho em contraposição à guerra, o que avalia a posição deste mito como um dos responsáveis pela manutenção da paz entre os iorubás.

Até aqui, percebemos claramente a função pedagógica do mito de forma mais explícita e sua função sociológica de forma implícita pelos corpos sociais que ele vem a legitimar. Nos versos abaixo, temos exemplo da titulação própria dos orikis.

Obatalá,

Dono de um alá [manto] todo branco.

Famoso na assembleia.

Obatalá, pai de Orunmilá.

Pai de Orunmilá.

Guerreiro cuja barba embeleza a boca.

(VEMOS CLARAMENTE QUE A AUTORIDADE DA FAMA NA ASSEMBLEIA É LEGITIMADA PELA POSIÇÃO PATRIARCAL.)

Ele faz com que toda mulher estéril se torne fecunda.

Vemos neste verso uma referência ao prolongamento das linhagens e sua função sociológica e pedagógica.

Não se pode recusar aquilo que nos oferece para comer.

Sobre este verso, comento algo que aconteceu comigo no Egito. Estava em um ônibus, entre o Cairo e o Sinai, e me sentei ao lado de um núbio. Ele me oferece bolachas para comer e eu recuso. Ele mesmo deixa de comer o que me oferecera. Pergunto a um egípcio, ao chegar ao Sinai, o porquê daquilo, por que aquele meu amigo deixara ele mesmo de comer a partir da minha recusa, e ele me explica que dentre os núbios há o costume de que se "Tem de comer, dar de comer" e, se houver uma recusa, quem oferece o alimento não pode comer na frente de quem recusou para não constrangê-lo, pois não é de bom tom "recusar algo que nos é dado para comer".

Claro que as duas tradições (núbia e iorubá) têm uma longa distância entre si, e, levando em conta que a lenda de que Odudua teria passado pela Núbia para se estabelecer em Ilê Ifé tenha sido construída por razões da islamização iorubá, vemos que talvez não haja um paralelo direto entre as duas tradições. Contudo, o que não podemos negar é que, apesar de distantes, estas tradições africanas conversam entre si, como conversam as tradições de todos os povos sudaneses, o que pode vir a significar, entre outras coisas, uma remota origem comum, senão ao menos uma troca de influências entre estes povos sudaneses do leste e oeste, devido talvez mesmo a prováveis migrações e às rotas de comércio que aí se estabeleceram dentro e fora do contexto da expansão do islã.

Além disso, sem dúvida, este fato nos evoca uma função pedagógica do mito que vai muito além da liturgia e nos esboça a padronização de comportamentos dentro desta civilização, assim como costumes socialmente aceitos.

Já os versos de oriki de Obatalá:

> Filho de minha família por afinidade não é meu filho.
> Conhecemos as coisas com as quais nascemos.

Mostram claramente a relação que vimos anteriormente nos orikis de Iemanjá sobre os parentes e estranhos dos quais nos fala Meillassoux em sua obra *Antropologia da escravidão*. Contudo, aqui vemos o outro lado, não aquele no qual estes estranhos se adaptam às linhagens e estabelecem assim novas relações de parentesco. Aqui vemos as situações nos quais estes agregados são de alguma forma impedidos de desempenhar papéis que somente as relações consanguíneas permitem. Vemos aqui o estabelecimento de um limite, presente em muitas sociedades subsaarianas, para estes estranhos que, mesmo quando tidos como parentes por determinadas tradições, não deixam de ser estranhos em outras determinadas situações, sobretudo dentro da linhagem patriarcal. O que pode ocorrer, por exemplo, na tradição dos chefes de família homens quando determinam os papéis sucessórios, dos quais os estranhos são, neste contexto, sumariamente exclusos.

Isto pode também nos falar muito da escravidão doméstica entre diversos povos subsaarianos, quando, como nos fala Meillassoux (1995), estes estranhos não se incorporam às linhagens como agregados, criando um corpo social à parte, vulnerável muitas vezes à escravização, mesmo antes do ciclo comercial que a Africa estabeleceu com o Ocidente a partir do século XVI.

É interessante que observemos o papel sociológico do mito aqui, que legitima posições hierárquicas entre os grupos e chega mesmo a explicar o surgimento de novos corpos sociais de estranhos e novos parentes dentro desta sociedade em sua dinâmica. Ao explicar a versão patriarcal dos agregados, entendemos muito de nós mesmos na diáspora e do comportamento de nossos ancestrais na adoção de seus agregados (que era algo muito mais inegavelmente voltado à função materna, o que talvez explique também a importância da função pedagógica da mãe e da mulher nas sociedades subsaarianas e em nossa diáspora).

Nos versos de oriki de Obatalá, o malfeitor aparece sempre como um transgressor moral: alem do preguiçoso e do mentiroso, o malfeitor é o terceiro elemento indesejável nesta sociedade de que, muitas vezes, nossos meios acadêmicos e sobretudo religiosos se recusam a reconhecer seu código moral e ético como fundamental ou ao menos existente (como já ouvi de diversos professores universitários e sacerdotes, sobretudo cristãos). Contudo, isto se invalida ao ouvirmos os versos de oriki:

> Ele derrama rapidamente fora do alcance
> do malfeitor.
> Ele inutiliza completamente o olho do malfeitor.
> Ele apoia aquele que diz a verdade.
> Poderoso auxiliar dos homens na terra.
> Rei justo como a mão de Ifá [do destino].
> Oxaguiã não tem maldade na barriga.

(EM UMA REFERÊNCIA AOS INTESTINOS COMO ÓRGÃO SENSÍVEL ONDE CONCENTRAMOS NOSSOS SENTIMENTOS, O QUE É MUITO COMUM EM DIVERSAS SOCIEDADES SUBSAARIANAS.)

> Palavra que transforma miséria em alegria, ao
> despertar ele pisoteia aqui.
> Se ele prejudica, ele repara.

(EM UMA CLARA FUNÇÃO PEDAGÓGICA DO MITO.)

> Rei que traz ao mundo sem esquecer.
> Ele esfrega a nádega do malfeitor como alguém que
> esfrega um saco de estopa.
> A morte expulsa a guerra sem fugir.
> Ele é paciente e não se encoleriza.

(EM CLARA FUNÇÃO PEDAGÓGICA DO MITO.)

> Ele tem felicidade e boa disposição.
> Ele queima os abcessos.

(EM CLARA FUNÇÃO PEDAGÓGICA E CIVILIZATÓRIA.)
Vemos um aspecto ligado à androginia simbólica dos líderes em um verso de oriki de Obatalá quando ouvimos:

Oduá é o marido, Oduá é a mulher.

Isto alude ao princípio de que só conseguimos a harmonia verdadeira quando temos o domínio dos dois princípios, segundo diversas tradições subsaarianas que vimos nos mitos de Oxumarê e Xangô mais detalhadamente.

Vemos outros aspectos civilizatórios e claramente delineadores de um código moral nos seguintes versos de oriki de Obatalá:

a) Os ligados ao alimento:

O facão pega a massa de inhame e usa como roupa.
A massa de inhame é pai do segredo.
Que joguemos na boca a bola de massa de inhame.

b) Os ligados à redenção ou ao poder dos líderes e chefes de linhagem ou religiosos:

Ele mata no pátio aquele que não é iniciado e desperta para que ele ouça as palavras.
Palavra que muito mata.
Ele é dono da lei e assume o comando.
Ele desperta e cria duzentos hábitos.
Sua atividade na terra não tem limites.
Redondo como o terreno do mercado.
Ele cria as pessoas.

(Em clara função pedagógica.)

c) Os ligados a códigos de comportamento:

Não se pode ter duas cabeças.

(Dois destinos ou duas opiniões diferentes sobre o mesmo assunto.)

Vejam meu marido, que constrói a casa e a abandona para viajar.
Meu marido faz o que ele quer.
A mulher não pode fornicar com o cavalo.
Não se deve matar o camaleão.

(Símbolo da diversidade e multiplicidade do universo para os iorubás, ligado à criação do mundo e a Oxalá.)

Cusparada de mulher ciumenta não racha a parede.
Alguém ciumento não pode rachar a parede cuspindo.
Ele não conta em casa o que viu.
Se ele prejudica, ele repara.

Vemos na beleza deste código moral algo muito rico e que, apesar de parecer simples, é na realidade um dos guias de uma sociedade diaspórica que nos formou. Enquanto nos afastarmos destas realidades e códigos morais, negando-nos a estudá-los e vendo-os como coisas exóticas, estaremos tratando grande parte do que nos formou e nos pertence como uma verdadeira alteridade.

Pai que cria as pessoas e nos criou independentemente de nossas tradições, ajude-nos para que não tornemos nossos parentes ancestrais em estranhos.

Epa Baba Osa Ogiyan... Asé Baba Osa Olufon

O mito de Odudua na civilização iorubá a partir de seus orikis

Odudua e a origem dos iorubás

Odudua é importante no panteão dos iorubás, pois é o próprio ancestral mítico deste povo. Antes do advento de Odudua, outros cultos eram correntes em terras iorubás, assim como outras tradições. De qualquer forma, estas tradições resistem com a criação da Sociedade Ogboni em Ilê Ifé e outras cidades iorubás. Hoje, a Sociedade Ogboni está ligada a uma determinada sociedade secreta de babalaôs e tem um papel mais amplo do que desempenhou no passado, conforme nos delineia a própria sugestão de observação das dinâmicas de evolução social de diversos povos subsaarianos, como tratamos anteriormente.

De qualquer forma, Odudua traz novos conceitos e tradições. Uma das lendas que contam a origem de Odudua, e que transcrevo abaixo da obra de Beniste, nos fala de sua relação com o surgimento do islã. Uma pesquisadora que tem seu foco na Africa, uma vez me afirmou que esta lenda é um mito construído devido à influência do islã em terras iorubás; outros nigerianos me afirmaram que esta era a origem de Odudua (entre eles, iorubás islâmicos inclusive). De qualquer forma, esta lenda simboliza a conversa entre estas tradições, e nos fala muito das relações ambíguas existentes entre as religiões tradicionais africanas e o islã, não só entre os iorubás mas também em outras sociedades sudanesas subsaarianas.

A seguir está o mito (com a grafia simplificada):

Lamurudu, um dos reis de Meca, tinha como filhos Odudua e os reis Gogobiri e Kukawa, duas tribos da região de Haussá. Odudua era o príncipe herdeiro, que se mantinha com a ideia de modificar os costumes religiosos, introduzindo na grande mesquita [...] ídolos criados por Asara, o seu sacerdote e fazedor das imagens.

ANTROPOLOGIA DOS ORIXÁS

Asara tinha um filho chamado Braima, que fora educado como adepto do maometismo e contrário às ideias do pai. Pela influência de Odudua, um mandado real foi expedido, ordenando que todos os homens fossem caçar durante três dias, antes [...] das festividades [...] em honra daqueles deuses.

Aproveitando-se da ausência de todos os homens, Braima invade a mesquita e destrói todas as imagens. No retorno de Odudua, [...] uma investigação foi feita. Braima começou a provocar Odudua, dizendo: "Perguntem ao grande ídolo quem fez isso? Ele sabe falar? Por que vocês adoram coisas que não sabem falar?" Imediatamente foi dada a ordem para ele ser queimado vivo [...] Isso foi o sinal para o início de uma guerra civil. [...] O rei Lamurudu foi assassinado, e todos os seus filhos e seguidores próximos foram expulsos da cidade. Os reis de Gogobiri e de Kukawa seguiram para o oeste e Odudua tomou o caminho do leste, viajando [...] e seguindo para o sul, próximo ao local onde viria a ser fundada a cidade de Ilê Ifé. Odudua e os filhos juraram [...] vingança pela morte do pai. Tempos depois, a tentativa de vingança será comandada por Oraniã de forma infrutífera, mas [...] durante esta expedição [vai] ser fundada a cidade de Oyó, que viria a fazer frente em prestígio à cidade de Ilê Ifé. [...] O rei que assumiu o poder resolveu enviar um exército para destruir Odudua e submeter os demais à escravidão. Foram, porém, vencidos, e, entre a pilhagem assegurada pelos vitoriosos, havia uma cópia do Alcorão [...] guardado num templo, venerado e cultuado como relíquia sagrada [...] com o nome de Idi, significando fundamento ou algo sagrado. Entre aqueles que formavam a comitiva de Odudua estavam: Orunmilá, [...] Olokum e Orisateko. (BENISTE, 1997, p. 55-56)

Conforme vimos no mito de Exu, um dos transgressores que conferem movimento histórico às sociedades subsaarianas é o reformista religioso. Odudua assume esta função de reformista religioso, tanto na saída de Meca (em alusão à relação com o islã) quanto na chegada a Ilê Ifé (com o advento da sociedade Ogboni que traça um movimento de resistência às novas tradições). Vemos nomes importantes na comitiva de Odudua (como Orunmilá e Olokum, os deuses do destino e do mar). Outro fator importante é a relação de Oraniã com a fundação de Oyó (o que nos faz lembrar da relação legalista do código moral de Xangô, neto de Oraniã). Sem dúvida o que temos aqui, e que afirmo mais uma vez, é o diálogo entre as tradições islâmicas e tradicionais. No caso dos povos autóctones de Ilê Ifé, ressaltamos o fato de que a Sociedade Ogboni zelou pelas tradições originais, o que reafirma, como vimos no texto de Xangô, o movimento de resistência das tradições originais que incorporam e ressignificam outras tradições novas (como vemos claramente no caso da declaração do livro sagrado dos islâmicos como algo sagrado apesar de não cultuado) o que sem dúvida faz com que venhamos a entender muito de nossos processos de aculturação na diáspora.

Aspectos civilizatórios dos orikis de Odudua

Encontramos claras referências civilizatórias nos orikis de Odudua. Estas referências se aproximam muito do que vemos nos orikis de Obatalá.

Vemos a função do provedor em:

ANTROPOLOGIA DOS ORIXÁS

> Alguém que não me deixa morrer de fome,
> Que não deixa o devedor vir a mim.

Do benfeitor e sábio em:

> Ele faz o bem, ele não faz o mal,
> Ele combate o fogo e vence o fogo,
> Ele combate o Sol e vence o Sol,
> Violenta batalha no céu.
> O senhor do mundo tudo sabe.

De qualquer forma, este mito também se relaciona com a função administrativa patriarcal, apesar de algumas vezes se relacionar com uma figura feminina.

Entendemos, a partir desta dualidade do feminino e masculino em Odudua, também as relações de poder evocadas pela figura do ser andrógino em diversas sociedades subsaarianas.

> Awa nife o Egun wa baba Oduduwa. Ife àse wa

Pós-escrito

Poucos anos após realizar este trabalho, completei meu Mestrado em Educação na USP, defendendo uma dissertação cujo tema foi "A Importância do Estudo das Mitologias e Gêneros Literários da Oralidade Africana e Afro-Brasileira no Contexto Educacional Brasileiro: A Relevância da Lei 10639/03" (POLI, 2014).

Além de refletir sobre os limites da ação pedagógica em relação à reprodução cultural e as possibilidades de reversão desse quadro, o trabalho incluiu a observação de experiências escolares fundamentadas na cultura afro-brasileira e a experimentação do uso de oficinas de orikis dentro do cotidiano escolar. Penso que uma rememoração deste trabalho pode ser útil aos leitores que desejem aprofundar a reflexão sobre as práticas pedagógicas voltadas para a diversidade.

Observação das aulas

O trabalho de campo foi realizado na Escola Municipal Anna Eugenia dos Santos, que funciona no Terreiro Ilê Axé Opô Afonjá, em Salvador (Bahia) e que oferece vagas para a pré-escola e o ensino fundamental I (1º ao 5º anos).

O projeto pedagógico da escola segue dois princípios fundamentais: o trabalho interdisciplinar feito a partir de mitos da cultura afro-brasileira, com planejamento semestral; e o ensino laico, que significa abordar os mitos nas dimensões sociológica e pedagógica, mas não na mística.

A metodologia adotada é a dos espaços de criação, que dá ao professor instrumentos para lidar com a diversidade no ambiente escolar. No caso específico desta escola, esse espaço de criação foi formado com a utilização de mitos afro-brasileiros como ferramenta para, simultaneamente, proporcionar a afirmação da identidade e cultura dos estudantes afrodescendentes,

ANTROPOLOGIA DOS ORIXÁS

proporcionar a apropriação de conteúdos do currículo escolar e ampliar a bagagem cultural de todos os envolvidos no processo. Durante o período do meu trabalho de campo (outubro a novembro de 2012), os professores trabalhavam com o mito "Oxum, a senhora das águas doces e da beleza".

Há muitos e muitos anos, na África, vivia uma senhora chamada Oxum, a conhecida senhora das águas doces. Mulher muito elegante e vaidosa, gostava de tudo o que era bonito: belas roupas, bonitos penteados, perfumes, além de ter paixão por joias. Atenta à sua beleza, estava sempre se admirando no espelho. Quando amanhecia o dia, Oxum já estava mergulhando no rio, banhando-se, para se enfeitar com suas joias. Na verdade, antes mesmo de lavar as suas crianças, ela banhava as joias.

Mas um dia, que surpresa desagradável! Oxum acordou, levantou-se com o primeiro raio de sol e, quando destampou o baú das joias, ele estava vazio. Não havia uma só peça. O que teria acontecido? Oxum botou a mão na cabeça. Andava de um lado para outro enquanto pensava: "Quem levou minhas joias?" Assustada, chorava muito. Deu uma volta em torno da casa e pôde ver dois homens que se afastavam correndo. Cada um deles levava um saco que, com certeza, eram suas joias. Oxum pensou rápido: "Eu preciso agir." Pensou e, logo, executou.

Foi à cozinha, pegou uma quantidade de feijão-fradinho, amassou bem e colocou numa panela. Ali acrescentou cebola amassada e uma boa quantidade de camarão seco, pisado no pilão. Por fim, acrescentou epo (azeite de dendê), misturou tudo, até que se transformou numa massa bem gostosa. Enrolou pequenas porções em folhas de bananeira passadas no fogo. Arrumou tudo numa panelinha e cozinhou. Depois de cozida a massa, ela arrumou tudo bem bonito no tabuleiro e saiu em busca dos ladrões, cantando para espantar suas preocupações. Não foi difícil. Ela sabia exatamente por onde eles iam passar. Sentou-se com tranquilidade à espera dos dois ladrões. Não tardou, eles apareceram, cumprimentando Oxum na maior desfaçatez.

– Ku Aro (bom dia).

– Ku Aro (bom dia).

– Que belo dia! Que bom encontrar companhia por aqui. Como estamos contentes de encontrá-la.

– Ótimo! Então vamos parar e conversar um pouco. Querem comer? Hoje fiz uma comida de minha predileção. Wa unjeum? (Convite para refeição).

– Hum... bem que a gente estava sentindo este cheiro tão bom!

Os homens entreolharam-se confiantes e falaram baixinho:

– Esta senhora é tão bonita, mas parece muito bobinha.

– Pois é, nós tiramos todas as suas joias, e ela ainda quer dividir a sua comida com a gente. É tola mesmo.

Os homens não esperaram outro convite: avançaram nos abarás e comeram sem a menor cerimônia, até caírem adormecidos um para cada lado.

Aí, nesse momento, Oxum aproveitou e tomou os dois sacos cheios de brincos, colares, anéis, pentes, pulseiras e prendedores de cabelo. Ela pegou tudo rápido, enfeitou-se toda e saiu cantando pelo caminho de volta a casa.

Ao longo do período da atividade de campo, observei diversas aulas em que professoras, de diferentes religiões, utilizavam o mito em atividades de alfabetização e temas avançados de linguagem. As lendas eram trabalhadas de forma que o mito, em sua função pedagógica, fosse projetado nas professoras. Foi possível perceber que, a partir do processo de assimilação do conteúdo referente aos mitos, afirmação identitária e cultural deste público pôde ser reforçada, uma vez que os mitos de orixás estavam entranhados na cultura familiar e eram referência psíquica e social. Desse modo, ao verem o mito ser trabalhado pelas professoras, independentemente do fator religioso, os alunos sentiram-se identificados e valorizados, criando um processo de identificação com as professoras, que se transformaram em referências de "estrutura familiar" e de escolarização.

No período de observação, verifiquei uma melhoria progressiva dos alunos ao longo da atividade. Na avaliação final 95% dos alunos do 5º ano cumpriam os requisitos do letramento, atendendo às exigências compatíveis com sua idade.

Oficinas de orikis

Durante o trabalho de campo, realizei três oficinas, em três séries diferentes, inspiradas nas dinâmicas da literatura oral africana, utilizando, principalmente, a estrutura dos orikis.

Oficina I

Esta oficina foi aplicada no 2º ano e consistia na utilização do método dos temas geradores e na estrutura dos orikis africanos. O trabalho foi feito nos seguintes passos:

1. As crianças descreviam a si mesmas a partir dos tópicos presentes nos orikis (títulos, nomes, feitos, aspirações e

opinião pública), que serviam para a abertura e definição dos temas geradores.

2. As crianças desenhavam algo que expressasse seus feitos e aspirações, além de nomear o desenho.

3. A palavra escolhida funcionava como tema gerador e era separada em sílabas.

4. A partir daí, como em um jogo, as crianças formavam novas palavras, reutilizadas para novas produções textuais.

Oficina II

Mãe, professora, Oxum, qualidades: nesta segunda oficina, aplicada no 3º ano, mesclaram-se mito, como objeto transicional projetado na professora, para a formação e estabelecimento do espaço de criação, com o desenvolvimento de habilidades gramaticais no uso das qualidades, seguindo os seguintes passos:

1. Seguindo a estrutura dos orikis, pedia-se às crianças que mencionassem uma qualidade, um feito e uma opinião a respeito de suas mães, da professora e do mito de Oxum.

2. As crianças desenhavam o que foi dito.

3. A partir da observação das professoras, trabalhava-se o uso de adjetivos, de substantivos e introduzia-se o conceito de verbo, através de atividades como produção textual.

Observamos que o mito funcionava como objeto transicional entre a mãe (mãe da realidade) e o professor (mãe da ilusão), formando o próprio conceito de jogo transposto para o espaço de desenvolvimento cognitivo.

Oficina III

Nesta oficina motivacional, aplicada no 5º ano, utilizou-se a estrutura dos orikis para trabalhar a questão motivacional dos alunos em produções textuais. A oficina foi desenvolvida em três etapas.

Na **primeira etapa**, foi pedido às crianças:

1. Contar qual era a referência que tinham da pessoa mais velha da família, conforme utilizado na literatura oral africana, e descrevê-la.
2. Elaborar um poema pessoal que descrevesse sua própria imagem (baseado nos orikis).
3. Escrever o que gostariam de fazer ou que realizaram de importante (baseado na estrutura dos orikis).
4. Escrever um texto sobre como se viam perante a opinião pública – a comunidade ou a classe (baseado na estrutura dos orikis).

Na **segunda etapa**, foi pedido:

1. Que descrevessem um sonho pessoal.
2. Que dissessem se a escola poderia ajudar a realizar este sonho.
3. Que dissessem o que gostariam de dizer ao mundo.
4. Que dissessem o que gostariam de falar à escola.
5. Que dissessem um objetivo para o ano seguinte.

Na **terceira etapa**, foi pedido às crianças que elaborassem um texto sobre identidade, objetivos e motivações.

Observou-se nesta oficina, que a afirmação identitária dos alunos reportava-se a suas referências maternas e que os ideais de não-violência do mito de Oxum, trabalhado naquele semestre, estavam muito presentes, no que concerne ao mundo e à escola e, muitas vezes, diretamente relacionados aos próprios objetivos.

Guia de estudo dos mitos afro-brasileiros

Nas páginas 96 a 101, minha dissertação de Mestrado (POLI, 2014) apresenta um resumo, em forma de tabela, dos dados examinados em detalhes nos capítulos deste livro, elaborado com a finalidade de oferecer um guia para o planejamento da utilização pedagógica dos mitos afro-brasileiros.

O quadro resume as características do mito de cada um dos orixás segundo as funções do mito de Campbell (1991, p. 32) e as invariantes culturais de Lawton (citado por Sacristán, 1995, p. 111), conforme apresentado a seguir.

Mito: Exu

Função cosmológica: Senhor dos caminhos.

Função sociológica: Corpo social dos mercadores e sacerdotes ligados à feitiçaria, assim como todos os transgressores do modelo vigente.

Função pedagógica: Responsável pela transgressão da sociedade de conformidade e reprodução, conduzindo ao movimento social destas sociedades.

Invariantes de Lawton: Sistema de comunicação, sistema econômico, estrutura social, sistema de maturação.

Mito: Ogum

Função cosmológica: Senhor da guerra.

Função sociológica: Corpo social dos ferreiros e sacerdotes ligados ao desenvolvimento tecnológico da sociedade.

Função pedagógica: Código de guerra e de sobrevivência. Inicialmente, a caça, responsável pela formação do arquétipo do guerreiro e caçador.

Invariantes de Lawton: Sistema tecnológico, código moral, sistema econômico.

Mito: Oxossi

Função cosmológica: Senhor da caça.

Função sociológica: Corpo social dos caçadores e sacerdotes do culto à terra (Onilé).

Função pedagógica: Código dos caçadores, desmembramento do mito de Ogum no sentido de formação do arquétipo dos caçadores.

Invariantes de Lawton: Sistema econômico, código moral.

Mito: Logum Edé

Função cosmológica: Senhor das riquezas.

Função sociológica: Responsável pela ligação entre o corpo social das mulheres do mercado e dos caçadores, tendo influência em ambas as sociedades na região de Ilexá (Ijexá) sobretudo, também presente no Queto, importante integração dos períodos de caça e coleta à urbanização.

Função pedagógica: Responsável pelo arquétipo dos que trabalham na ligação entre as sociedades femininas, das mulheres do mercado, e as sociedades de caçadores. Regula as relações de produção no meio urbano e rural, atribuindo aos que não produzem a posição de transgressores morais.

Invariantes de Lawton: Sistema econômico, sistema de comunicação.

Mito: Oxumarê

Função cosmológica: Senhor do arco-íris. Ligado aos mitos da criação.

Função sociológica: Responsável por corpos sociais de sacerdotes que têm papel de destaque no corpo administrativo das cidades. Define o papel da androginia e dos andróginos como integrantes da dialética (do duplo) nas relações de poder.

Função pedagógica: Um dos mitos duplos, que estabelece a dialética subsaariana nas relações de poder, o jogo entre ordem e desordem que tem que haver na sociedade para seu progresso e evolução segundo esta dialética subsaariana.
Invariantes de Lawton: Sistema estético.

Mito: Obaluaê
Função cosmológica: Senhor da morte, das doenças e da cura, senhor da terra.
Função sociológica: Responsável pelo corpo social dos sacerdotes ligados à medicina tradicional e ao culto à terra e aos ancestrais.
Função pedagógica: Estabelece o arquétipo dos curandeiros e dos sacerdotes ligados à medicina tradicional, assim como, neste mito, se encerra grande parte do conhecimento da medicina tradicional e dos ritos fúnebres.
Invariantes de Lawton: Código moral, sistema de racionalidade, sistema de crenças.

Mito: Nanã
Função cosmológica: Senhora dos mortos e da terra, ligada aos mitos da criação para alguns povos.
Função sociológica: Corpo sacerdotal do culto à terra e à ancestralidade, presente também nos ritos fúnebres.
Função pedagógica: Arquétipo da regeneração e responsável pelo sentido de amor à terra em que se nasce e de pátria em geral. Resume os conceitos centrais da ancestralidade.
Invariantes de Lawton: Código moral.

Mito: Iemanjá
Função cosmológica: Senhora do mar e das águas (em algumas cidades).

Função sociológica: Corpo social das sacerdotisas e sacerdotes que têm papel central na administração da região de Abeokuta, sendo um dos ancestrais fundadores deste reino. Ligada a corpos sociais de sociedades femininas e de origem matriarcal.

Função pedagógica: Responsável pelo arquétipo da maternidade adulta e mito que desempenha papel central no comportamento das famílias que adotavam as crianças abandonadas pelas razias para escravizar pessoas. Tem papel central nas dinâmicas de escravidão doméstica (linhageira) na região, atribuindo aos vindos de fora da linhagem seu papel social.

Invariantes de Lawton: Sistema de racionalidade, código moral.

Mito: Xangô

Função cosmológica: Senhor da justiça.

Função sociológica: Responsável por diversos corpos sociais na região de Oyó, desde o rei (Alafim) até toda a sociedade do Oyomesi (parlamento de Oyó).

Função pedagógica: Responsável pelo código moral e as leis dos iorubás, em geral, assim como pelas dinâmicas sociais. Na dialética africana do duplo no poder (assim como em Oxumarê), determina relações entre povos autóctones e invasores. Define em seus orikis o sentido de bem e o de coisa pública para este povo.

Invariantes de Lawton: Código moral, sistema econômico, sistema de racionalidade.

Mito: Iansã

Função cosmológica: Senhora dos raios.

Função sociológica: Responsável pelo corpo social das mulheres chefes de família, guerreiras e caçadoras. Define sociedades e posições femininas como as ialodês em diversas cortes iorubás. Responsável pela formação de mulheres do mercado e de suas sociedades, assim como Oxum, tanto na diáspora quanto na África.

Função pedagógica: Surge na necessidade de as mulheres terem que caçar e guerrear na ausência de seus maridos e pais, que partiam para as guerras ou eram levados pelas razias em um segundo momento. Define o arquétipo das heroínas que formaram os corpos sociais de mães chefes de família e tem grande influência até os dias de hoje, tanto na África quanto na diáspora.

Invariantes de Lawton: Estrutura social.

Mito: Oxum

Função cosmológica: Senhora das águas doces.

Função sociológica: Legitima diversos corpos sociais na região de Osogbo, onde define todo o corpo administrativo, desde o rei (Ataojá) até os administradores. Mito ligado aos corpos sociais de educadores (Idi Osun) em várias regiões iorubás. Juntamente com Iansã, regula corpos sociais de mulheres do mercado e suas sociedades secretas, assim como as feiticeiras que têm ligação com os corpos sociais de transgressores.

Função pedagógica: O próprio papel da educadora e da mulher como educadora é um arquétipo formado por este mito. Resistência feminina às agressões masculinas, contrapondo a inteligência como uma característica feminina contra a força como uma característica masculina na formação civilizatória das sociedades. Arquétipo também das administradoras e mulheres do mercado, juntamente com Iansã.

Invariantes de Lawton: Sistema de racionalidade.

Mito: Obatalá

Função cosmológica: Senhor dos céus.

Função sociológica: Definiu juntamente com Odudua o corpo social de administradores de Ilê Ifé (cidade de origem de todas as outras cidades iorubás).

Função pedagógica: Estabelece a ordem juntamente com o mito de Ogum, e se contrapõe a Exu nos corpos sociais de transgressores responsáveis pelas dinâmicas sociais iorubás.

Invariantes de Lawton: Estrutura social.

Mito: Odudua

Função cosmológica: Ancestral mítico.

Função sociológica: Definiu juntamente com Obatalá o corpo social de administradores de Ilê Ifé (cidade de origem de todas as outras cidades iorubás).

Função pedagógica: Ancestral mítico. Dá a ideia de ancestralidade ao povo iorubá e reúne as diversas cidades iorubás sob a égide de uma única origem (dá unicidade ao povo iorubá). Ancestralidade que é memória, resistência que vem basicamente dos mitos de ancestrais como Odudua, dos povos subsaarianos.

Invariantes de Lawton: Estrutura social.

Palavras finais

Apesar dos avanços da legislação e das propostas educacionais em termos da inclusão das histórias e culturas africanas e afro-descendentes nos currículos escolares, ainda resta muito por fazer. Por um lado, existe a luta sem trégua da sociedade contra a discriminação e o racismo em todas as suas manifestações, incluindo a sua presença no ambiente educacional. Por outro lado, é preciso fornecer aos professores recursos teóricos e práticos para que eles possam realizar as mudanças necessárias em seu cotidiano de trabalho.

PÓS-ESCRITO

O objetivo deste livro é constituir mais um desses recursos, oferecendo reflexões, conteúdos e relatos de experiências que possam ser úteis a todos os educadores.

Ivan da Silva Poli (Osunfemi Elebuibon)
Julho de 2019

Referências

Os principais autores utilizados (a quem particularmente agradeço e de quem recomendo o conjunto de suas obras) foram: José Beniste, Carlos Serrano (aulas), Georges Balandier, Roger Bastide, Pierre Verger, Sikiru Salami, Babatunde Lawal, Wande Abimbola, Claude Lépine, Antonio Risério, Bolanle Awe, Reginaldo Prandi, Joseph Campbell, José Gimeno Sacristán, Dilma de Melo Silva, Claude Meillassoux, Adilson de Oxalá, Juarez Xavier, Hampâté Bâ.

ABIMBOLA, Wande (ed.). **Ifa divination poetry**. New York: Nok, 1977.

ABIMBOLA, Wande. **Ifa**: an exposition of Ifa literary corpus. Ibadan: Oxford University, 1976.

ADICHIE, Chimamanda Ngozi. **The danger of a single story**: apresentação na TEDGlobal Conference, Oxford, 2009. Vídeo (legendas em português de Erika Rodrigues) disponível em <https://www.ted.com/talks/chimamanda_adichie_the_danger_of_a_single_story>. Transcrição em <http://www.housecomidiomas.com.br/the-danger-of-a-single-story-chimamanda-adichie/> (em inglês e português). Acesso em 28 jul. 2020.

AFROPEDE@. **List of kings (alafin) of the Oyo Empire**. Disponível em <http://www.afropedea.org/list-of-kings-alafin-of-the-Oyó-empire>. Acesso em 2 jul. 2019.

ARENDT, Hannah. **Entre o passado e o futuro**. Tradução: Mauro W. B. de Almeida. – 3. ed. – São Paulo: Perspectiva, 1992.

AWE, Bolanle. Praise poems as historical data: the example of the yoruba oríkì. **Africa**, Cambridge-UK, v. 44, n. 4, p. 331-349, oct. 1974.

BÂ, Amadou Hampâté. A tradição viva. In: KI-ZERBO, Joseph (ed.). **História geral da Africa I**: metodologia e pré-história da Africa. – 2. ed. rev. – Brasília: UNESCO; SECAD/MEC; São Carlos: UFSCAR, 2010. p. 167-212.

BÂ, Amadou Hampâté. **Amkoullel, o menino fula**. Tradução: Xina Smith de Vasconcelos. São Paulo: Palas Athena; Casa das Áfricas, 1992.

BALANDIER, Georges. **Antropo-lógicas**. Traducción: Joan Rofes. Barcelona: Ediciones 62/Península, 1975.

BALANDIER, Georges. **O poder em cena**. Tradução: Luiz Tupy C. de Moura. Brasília: Editora Universidade de Brasília, 1982.

BALANDIER, Georges. **Sociologie actuelle de l'Afrique Noire**. – 3. ed. – Paris: Presses Universitaires de France, 1971.

BARBER, Karin. Documenting social and ideological change through yoruba oriki: a stylstic analysis. **Journal of the Historical Society of Nigeria**, Ile-Ife, v. 10, n. 4, p. 39-52, jun. 1981.

BENISTE, José. **Órun-Àiyé**: o encontro de dois mundos. – 12. ed. – Rio de Janeiro: Bertrand Brasil, 1997.

BROWN, Carlinhos. Maria de Verdade. Intérprete: Marisa Monte. In: MONTE, Marisa. **Verde, Anil, Amarelo, Cor-de-Rosa e Carvão**. Rio de Janeiro: Phonomotor Records/EMI, 1994. 1 CD. Faixa 1.

CAMPBELL, Joseph; MOYERS, Bill. **O poder do mito**. Tradução: Carlos Felipe Moisés. – 1. reimpr. – São Paulo: Pallas Athena, 1991.

CAMPBELL, Joseph. **El héroe de las mil caras**: psicoanálisis del mito. Traducción: Luisa Josefina Hernández. – 1. reimpr. – México: Fondo de Cultura Económica, 1972.

EUROFOUND; ILO. **Working conditions in a global perspective**. Luxembourg: Publications Office of the European Union; Geneva: International Labour Organization [ILO], 2019.

FAUNDEZ, Antonio. **A expansão da escrita na África e na América Latina**: análise de processos de alfabetização.

REFERÊNCIAS

Tradução: Lólio Lourenço de Oliveira. São Paulo: Paz e Terra, 1994.

IBGE. **SIDRA**: sistema IBGE de recuperação automática. Disponível em: <https://sidra.ibge.gov.br/>. Acesso em: 15 jul. 2019. (ferramenta on-line que permite consultar dados de todas as pesquisas do IBGE e gerar tabelas personalizadas)

KI-ZERBO, Joseph (ed.). **Historia geral da Africa**. – 2. ed. rev. pelo acordo ortogr. – Brasília: UNESCO; SECAD/MEC; São Carlos: UFSCAR, 2010. 8 v. (Versão em português disponível gratuitamente no formato PDF nos portais da Unesco <http://www.unesco.org/new/pt/brasilia/ about-this-office/single-view/news/general_history_ of_africa_collection_in_portuguese_pdf_only/> e do Domínio Público <http://www.dominiopublico.gov.br/ pesquisa/ResultadoPesquisaObraForm.do?skip=0&co_ categoria=132&pagina=1&select_action=Submit&co_ midia=2&co_idioma=&colunaOrdenar=DS_ TITULO&ordem=null> – com link na página principal do portal)

LAWAL, Babatunde. A arte pela vida: a vida pela arte. **Afro-Ásia**, Salvador, n. 14, p. 41-59, 1983.

LAWAL, Babatunde. The living dead: art and immortality among the yoruba of Nigeria. **Africa**, Cambridge-UK, v. 47, n. 1, p. 50-61, jan. 1977.

LÉPINE, Claude. A monarquia sagrada na área yorubá: uma tentativa de interpretação. In: CARVALHO, Sílvia S. de (org.). **Mitos e civilizações**. São Paulo: Terceira Margem, 2005a. p. 107-152.

LÉPINE, Claude. O trickster na religião dos iorubás e suas metamorfoses. In: CARVALHO, Sílvia S. de (org.). **Mitos e civilizações**. São Paulo: Terceira Margem, 2005b. p. 43-106.

249

LÉPINE, Claude. **Os dois reis do Danxome**: varíola e monarquia na África Ocidental, 1650–1800. São Paulo: FAPESP, 2000.

LÉPINE, Claude. Os estereótipos da personalidade no candomblé nagô. In: MOURA, Carlos E. M. de (org.) **Olóòrixà**: escritos sobre a religião dos orixás. São Paulo: Ágora, 1981. p. 11-32.

MACHADO, Roberta. Pesquisadores apresentam o mais completo estudo sobre o genoma brasileiro. Estado de Minas, Belo Horizonte, caderno Tecnologia, 1 jul. 2015. Disponível em <https://www.em.com.br/app/noticia/tecnologia/2015/07/01/interna_tecnologia,663770/a-historia-nos-genes.shtml> Acesso em 15 jul. 2019.

MARTINS, Adilson A. [de Oxalá] (trad.). **As revelações dos 256 odus de Ifá**. Rio de Janeiro: Centro de Estudos da Cultura AfroAmericana, [200-]. (tradução da obra cubana tradicional *Dice Ifá*, distribuída como material didático dos cursos realizados no CECAA, fundado pelo babalaô Adilson de Oxalá Awofá Ogbebara)

MATRIZ Afro (cap. 3). **O Povo Brasileiro** [documentário em 10 capítulos]. Direção: Isa Grinspum Ferraz. Rio de Janeiro: GNT, Fundação Darcy Ribeiro; São Paulo: TV Cultura, 2012. Comentários de Carlos Serrano, Mãe Filhinha, Mãe Stella, Gilberto Gil, François Neyt e Chico Buarque de Holanda. Disponível em <https://acervo.racismoambiental.net.br/2014/06/13/darcy-ribeiro-documentario-o-povo-brasileiro-capitulos-de-1-a-10/>. Acesso em 15 jul. 2019.

MEILLASSOUX, Claude. **Antropologia da escravidão**: o ventre de ferro e dinheiro. Tradução: Lucy Magalhães. Rio de Janeiro: J. Zahar, 1995.

MOREIRA, Antonio Flávio Barbosa. Currículo, diferença cultural e diálogo. **Educação e Sociedade**, Rio de Janeiro, a. 23, n. 79, p. 15-38, ago. 2002.

REFERÊNCIAS

PRANDI, Reginaldo. **Mitologia dos orixás**. São Paulo: Companhia das Letras, 2001.

RISÉRIO, Antonio. **Oriki orixá**. São Paulo: Perspectiva, 1996.

RISÉRIO, Antonio. **Textos e tribos**: poemas extraocidentais nos trópicos brasileiros. Rio de Janeiro: Imago, 1993.

SACRISTÁN, José Gimeno. Currículo e diversidade cultural. In: SILVA, Tomaz T.; MOREIRA, Antônio F. (org.). **Territórios contestados**: o currículo e os novos mapas políticos e culturais. Petrópolis: Vozes, 1995. p. 82-113.

SALAMI, Sikiru (docente). **Introdução ao estudo da língua e cultura yorubá**. Curso de Extensão Universitária. Centro de Estudos Africanos, Universidade de São Paulo, 1993. Informações obtidas por comunicação pessoal durante as aulas.

SALAMI, Sikiru. **Poemas de Ifá e valores de conduta social entre os yoruba da Nigéria** (África do Oeste). Tese de Doutorado em Sociologia, Faculdade de Filosofia, Letras e Ciências Humanas, USP. São Paulo, 1999.

SERRANO, Carlos (docente). **África: sociedades e culturas**. Curso de Extensão Universitária. Centro de Estudos Africanos, Universidade de São Paulo, 2003. Informações obtidas por comunicação pessoal durante as aulas.

SERRANO, Carlos. **Os senhores da terra e os homens do mar**: antropologia política de um reino africano. São Paulo: FFLCH/USP, 1983. (Coleção de Antropologia, 2)

SILVA, Dilma de Melo; CALAÇA, Maria Cecília Felix. **Arte africana e afro-brasileira**. São Paulo: Terceira Margem, 2006.

SILVA, Dilma de Melo. **Por entre as Dórcades encantadas**: os bijagó da Guiné-Bissau. – 2. ed. – São Paulo: Terceira Margem, 2007.

251

TRATADO enciclopédico de Ifá [em 16 volumes]. Rio de Janeiro: [S.n.], 2001. (Versão em português da compilação tradicional do saber de Ifá, publicada desde meados do século 20, em espanhol e inglês, por editoras cubanas e estadunidenses. Versões em português foram distribuídas em cursos da religião de Ifá realizados no Brasil a partir da década de 1990.)

VANSINA, Jan. **La tradición oral**. Barcelona: Labor, 1966.

VELOSO, Caetano; GIL, Giberto. Iansã. Intérprete: Maria Bethânia. In: BETHÂNIA, Maria. **Drama – Anjo Exterminado**. Rio de Janeiro: Polygram/Philips, 1972. 1 LP. Faixa 7.

VELOSO, Caetano. Odara. Intérprete: Caetano Veloso. In: VELOSO, Caetano. **Caetano Veloso: acústico**. New York: Nonesuch, 1986. 1 LP. Faixa 12.

VERGER, Pierre. **Fundação Pierre Verger**: acervo foto. Disponível em <http://www.pierreverger.org/br/acervo-foto.html>. Acesso em 15 jul. 2019.

VERGER, Pierre. Esplendor e decadência do culto de Ìyàmi Òsòròngà "minha mãe a feiticeira" entre os iorubas. Tradução: Tasso Gadzanis. In: VERGER, Pierre. **Artigos**: tomo 1. Salvador: Corrupio, 1992. p. 5-91.

VERGER, Pierre. **Notas sobre o culto aos orixás e voduns na Bahia de Todos os Santos, no Brasil, e na antiga Costa dos Escravos, na África**. Tradução: Carlos E. M. de Moura. Edusp, 1999.

VERGER, Pierre. **Orixás**: deuses iorubás na África e no Novo Mundo. Tradução: Maria A. da Nóbrega. Salvador: Corrupio, 1981.

VERGER, Pierre; BASTIDE, Roger. Contribuição ao estudo dos mercados nagôs no Baixo Benin. Tradução: Marta Moraes Nehring. In: VERGER, Pierre. **Artigos**: tomo 1. Salvador: Corrupio, 1992. p. 119-159.

REFERÊNCIAS

XAVIER, Juarez Tadeu de Paula. **Versos sagrados de Ifá**: núcleo ordenador dos complexos religiosos de matriz iorubá nas Américas. Tese de doutorado em Comunicação e Cultura. São Paulo: PROLAM/USP, 2004.

ZIMMER, Heinrich. **Les philosophies de l'Inde**. Traducteur: Marie-Simone Renou. Paris: Payot, 1997.